AF509078

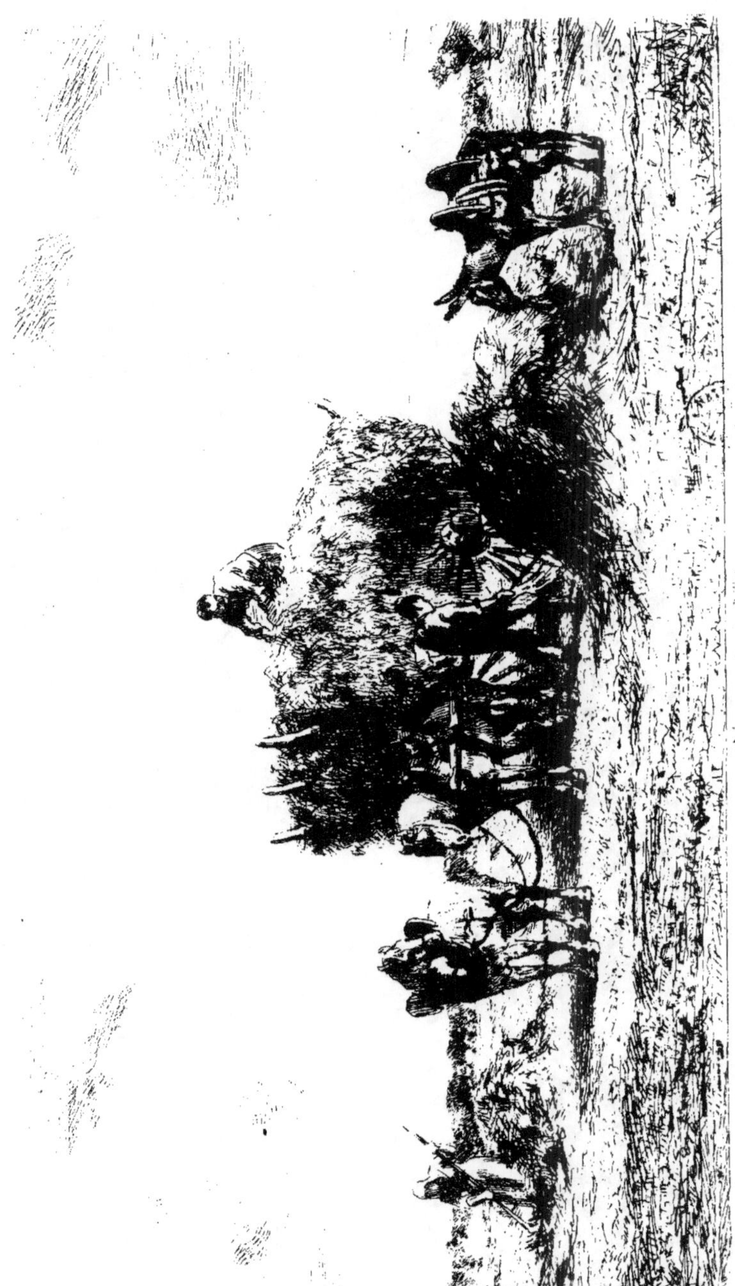

GUIDE DU RESTAURATEUR

DE

TABLEAUX, GRAVURES

RELIURES ET LIVRES

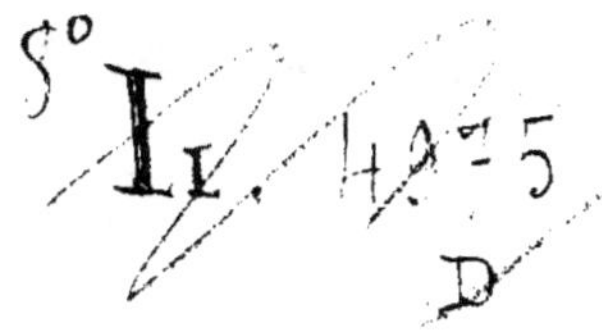

GUIDE PRATIQUE

DU

RESTAURATEUR-AMATEUR

DE

TABLEAUX, GRAVURES

DESSINS, PASTELS, MINIATURES, ETC.

RELIURES ET LIVRES

SUIVI

De la manière de les entretenir en parfait état de conservation

PLANCHES HORS TEXTE, FIGURES ET MONOGRAMMES

PAR

RIS-PAQUOT

ARTISTE-PEINTRE

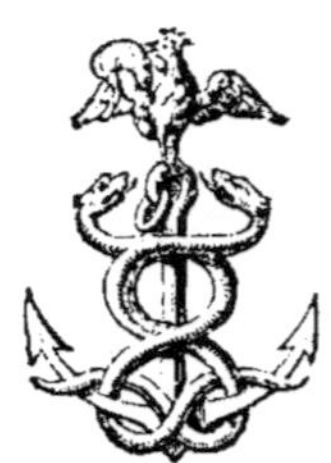
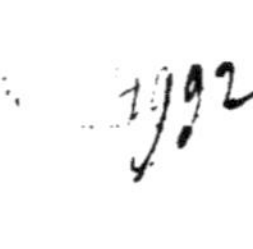

PARIS

LIBRAIRIE RENOUARD

HENRI LAURENS, ÉDITEUR

6, RUE DE TOURNON, 6

1890

AVANT-PROPOS

Il n'est dans tous les arts secrets plus excellents
Que de savoir connaître et choisir le talent.

(CORN.)

Puisqu'en ce monde chacun doit payer son tribut pourquoi serions-nous le dernier à apporter le nôtre? Ne devons-nous pas faire profiter nos semblables du fruit de notre travail et de nos recherches sous peine d'être traité d'égoïste et d'ingrat? C'est précisément pour éviter ces épithètes que nous nous sommes décidé à dévoiler aux amateurs non pas de prétendus secrets, mais bien des résultats constants, qu'une pratique journalière et un travail réitéré nous ont mis à même de découvrir et de perfectionner.

Guider les amateurs dans l'art si délicat de la restauration des tableaux, leur en faciliter l'exécution, telle est la noble tâche que nous allons entreprendre; leur ouvrir les yeux sur la ruse et la fourberie auxquelles ils sont si souvent exposés dans le commerce des arts, sera notre but; leur indiquer les moyens de s'en préserver, de s'en garantir, deviendra pour nous le sujet d'une sérieuse étude. Nous nous estimerons heureux si, par nos conseils, nous avons réussi à les éclairer et à leur être venu en aide pour sauver les précieuses richesses que la fortune ou le hasard leur a si libéralement placées entre les mains. Nos vœux seront comblés si nous réussissons à les mettre en garde contre le trafic et l'agiotage honteux de ces vils exploiteurs, qui font journellement du commerce des arts celui de la rapine et du vol. Par nos conseils, initié dans tous les détails de cette science, l'amateur sera à même de veiller à la conservation de ses tableaux, de diriger avec sécurité les différents travaux de restauration qu'ils nécessitent, de les surveiller et, par là, éviter de voir en un instant, par une maladresse ou une main inhabile, anéantir à tout jamais les précieux chefs-d'œuvre des siècles passés.

La clarté et la précision sont deux choses nécessaires pour traiter un pareil sujet; aussi nos efforts tendront-ils à simplifier chaque opération, à dégager chacune d'elles de tout ce qui pourrait devenir une complication et compromettre la réussite sans apporter, par sa présence, un avantage sérieux ou pratique au travail de la restauration.

C'est donc en suivant de point en point nos explications que l'amateur parviendra sans peine à une entière réussite, qui sera pour lui le prix et la juste récompense de sa persévérance et de son travail.

Pour être bon restaurateur il existe une condition essentielle, indispensable même, celle de posséder l'amour de l'art pour lui-même et par lui-même, puis aussi une patience à toute épreuve. Sans ces deux qualités indispensables le restaurateur détruira infailliblement, faute de savoir, de soins et de précautions, les chefs-d'œuvre qu'il aura entrepris de restaurer.

PREMIÈRE PARTIE

DES

TABLEAUX PEINTS A L'HUILE

ET

DE LEUR RESTAURATION

RESTAURATION DES TABLEAUX

CHAPITRE PREMIER

DU COMMERCE DES TABLEAUX ET DE LEURS SIGNATURES

Avant de décrire les divers procédés qui doivent concourir, les uns après les autres, à la restauration d'un tableau ancien nous allons entretenir un instant nos lecteurs d'un genre de fraude qui s'est pratiqué et se pratique encore journellement, avec assez d'habileté, dans le commerce des arts; nous voulons parler des fausses signatures et de leur apposition sur certaines toiles, ainsi que de leur falsification.

Il est donc essentiel, avant d'acheter un tableau, de se mettre en garde contre ce genre de fraude, par conséquent, de s'assurer de son authenticité.

C'est par la vue réitérée des productions des maîtres que nous avons appris à connaître leur manière de faire, le genre dont ils empâtent leurs lumières, la façon plus ou moins délicate avec laquelle ils touchent leurs ombres, etc., enfin, le lieu et place où ils posent leur signature, ainsi que sa manière d'être.

Une fois l'œuvre reconnue comme facture, il faut passer à l'examen de la signature, sur la présence de laquelle le marchand peu consciencieux ne manque pas de faire peser tout le poids du marché. Là, précisément, repose la partie délicate et sérieuse de l'expertise ; car, vous ne l'ignorez pas, la cupidité toujours envahissante de certains marchands, peu scrupuleux, les a poussés à apposer de fausses signatures sur des tableaux pastichés des maîtres par leurs élèves, ou même sur des copies n'ayant aucune valeur et dont le seul art réside entièrement dans l'astuce déployée pour contrefaire l'original ainsi que dans les efforts d'imagination qu'il a fallu déployer pour arriver à imiter cette patine que seul le temps donne aux tableaux anciens.

Après un sérieux examen, si le nom que porte l'œuvre est bien réellement celui du maître qui l'a produit, s'il n'est pas le résultat de la fourberie d'un vil mercenaire, que nous qualifierons hautement de l'épithète de faussaire, alors on pourra considérer cette signature comme le sceau ayant servi à marquer l'œuvre de génie qui a contribué à illustrer et immortaliser le nom de l'auteur.

Les peintres anciens, de même que les peintres modernes, en apposant leur nom au bas de leurs tableaux, n'avaient et n'ont encore qu'un but : celui de perpétuer d'âge en âge le souvenir de leur talent, de leur nom, pour, plus tard, revivre de leurs œuvres au milieu des générations que l'éternelle loi de la nature fait toujours se succéder les unes aux autres, puis aussi à affirmer, par des témoins irrécusables, la propriété de leurs œuvres.

Ces documents authentiques qu'ils nous ont laissés ont servi de base à nos études, et les signatures apposées au bas de leurs tableaux sont devenues pour nous une marque indélébile de leur manière de faire, ainsi qu'un point de départ pour établir la valeur réelle de leurs œuvres.

La haute estime dont jouissent certaines toiles les firent
conserver précieusement dans les Musées et dans les collections particulières, alors elles devinrent si rares et si dif-
ficiles à trouver, la pénurie s'en fit même tellement sentir,
que le trafic des arts en voulait à tout prix. Pour s'en procurer, les marchands recherchèrent les tableaux des élèves
des écoles du temps qui avaient pastiché les maîtres, et
sur ces copies, souvent retouchées par les maîtres eux-
mêmes, on apposa de fausses signatures pour les transformer en véritables originaux. Les débuts ne manquèrent pas
de succès; les amateurs se prirent au piège. Mais, enhardis
par ces résultats, les marchands furent moins prévoyants
et finirent bientôt par signer des toiles d'une infériorité
notoire. Une fois lancés dans cette voie, les contrefacteurs ne
devaient plus s'arrêter et, oubliant toute prudence, pour-
suivirent plus loin leurs exploits, s'affranchissant même de
copier exactement la signature, se contentant d'apposer un
simple monogramme lorsque le maître avait signé en toutes
lettres et vice versa. Il faut l'avouer sincèrement, cette maladresse n'était de leur part que le résultat de l'ignorance.
Ce manque de savoir éveilla bientôt la sagacité des amateurs qui reconnurent, mais trop tard, cette supercherie,
puisqu'ils avaient été les premières victimes, et par conséquent les dupes de ces faussaires, que l'article 150 du code
pénal n'a su atteindre et qu'il épargne encore aujourd'hui.

Les tableaux modernes, eux aussi, sont sujets à cette
fraude; témoin l'exemple encore tout récent de ce tableau
signé Corot et qui, en réalité, n'était autre qu'un véritable
Trouillebert. Il n'est pas rare, pour tel ou tel peintre en renom, de voir journellement sa signature apposée au bas
d'une copie de ces œuvres dont il n'est nullement l'auteur.
Que de croûtes ainsi fabriquées sont signées des noms de
Corot, de Diaz, d'Hobbema, etc., et n'ont d'autre parenté avec

l'artiste que le nom dont on s'est plu intentionnellement à les affubler. Sur d'autres toiles, le judicieux copiste, comme pour calmer les remords de sa conscience, puis aussi pour se mettre à l'abri d'une attaque de la part de l'auteur et de l'acheteur, a ajouté fallacieusement en avant du nom la lettre initiale D, sur laquelle il compte beaucoup en cas de mésaventure; car s'il se trouvait découvert, cette lettre D représente pour lui l'abrégé du mot d'après. Exemple : D. Teniers pour lui signifie d'après Teniers, et non David Teniers.

D'autres fois encore ce sont d'ignobles croûtes, qui, en obscurcissant la gloire des noms dont elles sont signées, viennent par leur présence ternir la réputation du peintre et porter un tort considérable à ses intérêts privés. Mais comme nous le disions plus haut, ces faussaires n'ont pas besoin de craindre, ils peuvent continuer leurs méfaits en toute sûreté, car la loi reste presque toujours muette à leur égard.

Puisque nous venons de signaler le mal, il est de toute équité, de toute justice, que nous indiquions le remède.

Dès que l'on se trouve en présence d'une signature douteuse, il suffit pour établir son jugement de dévernir tout simplement l'endroit où cette signature est posée. Si le vernis est vieux et léger, on le frotte doucement avec le bout du doigt, la chaleur ne tarde pas à faire désagréger les molécules de vernis qui se réduisent alors en une poussière blanchâtre, enlevant avec elle la signature qui avait été posée après coup, laissant la peinture saine et sauve; ce qui est l'indice d'une contrefaçon. Quand, au contraire, le vernis présente une certaine épaisseur, on procède au moyen du dévernissage à l'alcool (1) ou à l'essence de térében-

(1) Voyez le chapitre IV, *du Dévernissage*.

thine. Si la signature part avec le vernis sans que la couche de peinture soit attaquée, c'est encore une preuve réelle qu'elle a été ajoutée longtemps après la production du tableau et qu'elle n'y a été apposée que dans un but coupable d'escroquerie. Il en est de même pour celles exécutées après coup, directement sur la peinture, avant le vernissage : si elles disparaissent après le lavage à l'essence, sans endommager les parties environnantes, on peut les considérer comme apocryphes. La signature est donc fausse toutes les fois qu'elle ne fait pas corps avec la peinture.

Ce moyen pratique de reconnaître une fausse signature dépista pour quelque temps tous les limiers du commerce des arts, et leur avidité s'accrut en raison directe des difficultés présentes, ainsi que par les demandes réitérées des amateurs. Toujours prompts à trouver de nouveaux expédients, ils ne se tinrent cependant pas pour battus; seulement ils durent déployer une plus grande somme de finesse, en substituant à l'apposition pure et simple de la signature sur la peinture le procédé ingénieux de l'incrustation. Ils gravèrent en creux, dans le corps même de la pâte, la signature, puis elle fut remplie d'une couleur siccative. Le dévernissage alors devint insuffisant, il fallut y joindre l'emploi des réactifs.

Les marchands peu consciencieux purent, quelque temps encore, profiter de leur nouveau larcin et se réjouir en secret du résultat de leur ingénieuse découverte; mais orgueilleux, enivrés de leurs propres succès, ils furent bientôt dénoncés par des confrères envieux et jaloux. Leur nouvelle ruse, encore une fois démasquée, éveilla une telle méfiance contre les signatures, que leur présence devint quelquefois un obstacle sérieux pour la vente d'un tableau. Ce subterfuge de nouveau dévoilé, à bout d'expédients, les marchands eurent recours aux salissures qui leur permirent de vendre des tableaux d'une infériorité notoire pour de bons tableaux.

Tenons-nous donc pour bien avertis qu'il ne faut jamais acquérir un tableau de prix sans s'être bien assuré de son authenticité et de celle de la signature. Lorsque l'on habite une grande ville, qu'il y a un musée où se trouvent des œuvres du maître que l'on désire acquérir, le mieux est de se livrer à une étude comparative sérieuse sur la manière dont sont traitées ses œuvres, ainsi que l'endroit adopté pour placer sa signature et la forme des lettres qui la composent.

Pour bien acheter, il faut, comme dit le proverbe, se hâter lentement, examiner froidement et sans passion.

CHAPITRE II

Nous voici maintenant renseignés sur l'agiotage qui s'exerce sur les signatures, mais ne nous hâtons pas pour cela de chanter victoire, car nous ne sommes qu'au début des mille et une roueries de ce métier.

Je ne vous parlerai pas de ce soi-disant amateur qui, gêné pour un moment, vient vous offrir (toujours à son plus grand regret) les précieux trésors dont il est obligé de se séparer; ni de cet autre chevalier d'industrie, à l'air mystérieux, lequel vous fait voir et vous propose une excellente affaire, occasion admirable (ne manque-t-il pas d'ajouter) : les tableaux que vous avez sous les yeux, dit-il, appartiennent à un vieil officier retraité qui se décide à s'en dessaisir pour apporter quelques douceurs à ses vieux jours; ce sont des chefs-d'œuvre conquis sur l'ennemi et qu'il a rapportés de ses campagnes lointaines. D'autres fois, le tableau qu'on vous offre appartient à une ancienne famille, jadis dans l'aisance, maintenant ruinée, et qui, désirant conserver l'incognito, consentirait à céder son tableau pour subvenir à de pressants besoins, etc.

Une autre fois c'est une toile vermoulue, provenant d'un monastère plus antique encore. Pour tous ces genres de flibusteries je vous laisse les seuls juges, lecteurs, persuadé que votre bon sens, votre jugement, votre sagacité sauront discerner la vérité du mensonge. Toutes ces fables, rappelez-vous-le bien, mises au service d'une imagination inventive, ne sont que des expédients déshonnêtes employés pour mieux tromper les naïfs et trop crédules acquéreurs.

Une autre manière de procéder plus redoutable encore, puisqu'elle s'exerce sur la peinture elle-même, réclame toute notre attention. Nous allons nous y appesantir longuement.

Ce mode de duperie consiste à enduire le tableau d'une couche de crasse que nous nommerons salissures. Son double but est : en même temps qu'elle cache les imperfections soit du dessin, soit de la peinture, de donner à la toile un aspect d'ancienneté qu'elle ne possède réellement pas.

Lecteur, ne vous effrayez pas de toutes ces ruses; vous n'êtes encore qu'à l'A B C de l'art de tromper, persuadez-vous bien que toutes les machinations que l'enfer peut posséder, que les diables seuls ont pu inventer, tous les vices dont la curiosité s'est plu à nous doter en ouvrant la boîte de Pandore, tout enfin est réuni et mis en œuvre par les intrépides falsificateurs de tableaux; je vous en laisse encore les juges par ce qui suit.

Pour égarer les amateurs, trois sortes de salissures sont employées.

La première existe sur le vernis, la seconde dans le vernis, la troisième sous le vernis et sur la peinture elle-même.

Nous allons vous faire connaître un à un, comment se pratiquent les différents genres de salissures en donnant pour chacune d'elles le moyen de s'en rendre compte.

La première, la salissure sur le vernis, prend le nom de chanci; elle s'obtient facilement en vernissant à neuf la partie sur laquelle on veut la faire venir. Une fois le vernis pris, on le frotte légèrement avec un chiffon que l'on a préalablement imbibé d'un peu d'eau (pas trop cependant), on laisse séjourner l'humidité; celle-ci produit au bout de quelque temps de petites moisissures, et recouvre le tableau d'une teinte opalisée. Vue à la loupe, cette moisissure présente une agglomération de petits végétaux, qui ne sont, à vrai dire, que de petits champignons en tout conformes à ceux que les naturalistes ont placés parmi la classe des cryptogames.

Cette superposition de végétaux sur la peinture devient gênante pour juger l'ensemble du tableau; de plus elle en dissimule heureusement les défauts.

Généralement le chanci n'effraye nullement la bonhomie de l'amateur, mais s'il ose s'en plaindre, on lui fait croire qu'il est dû à un effet du hasard, à un séjour prolongé dans un endroit humide, qu'il suffit pour le faire disparaître de laver le tableau et de le revernir.

Trop crédules amateurs! vous êtes bien loin de vous douter que ce chanci perfide, qui vous semble naturel, ne sert qu'à dissimuler l'inhabileté d'une retouche, soit dans les chairs ou dans des draperies, et que sans son secours le tableau aurait été infailliblement rejeté.

Pour détruire ce chanci il faut procéder à l'opération du dévernissage, avec lequel on enlève toutes les parties retouchées; oh! alors, cruelle déception! ce qui vous paraissait être un bon tableau n'était, et n'est rien moins qu'une épouvantable croûte rafistolée sur toutes les parties. Amateurs, gardez-vous à carreau sur les chancis!

La seconde salissure, celle dans le vernis, consiste tout simplement dans l'adjonction au vernis d'huiles grasses, de bitumes, de jus de réglisse, de chicorées, de fumigations, etc., en un mot de toute espèce de matières colorantes, dont le but est d'atténuer la fraîcheur des teintes, de réchauffer la couleur, et de donner ce ton général uniforme et ancien, appelé la patine et que le temps seul donne aux tableaux.

Cette façon d'opérer s'emploie particulièrement sur de vieilles et mauvaises peintures, dont le ton général est froid, sans vigueur ; sur des tableaux modernes, copies que l'on a eu soin de faire exécuter sur de vieux panneaux vermoulus provenant de débris de meubles ou de vieilles boiseries.

La couche de vernis, teintée suivant la couleur du tableau, complétée par l'addition et l'imitation des piqûres de vers, des taches de mouches, de cachets de cire, vieux papiers du temps, écritures anciennes, etc. (car tout s'imite), donne au tableau une apparence de vétusté qui convient et facilite la vente.

Souvent au premier coup d'œil on est sujet à se méprendre sur de pareils tableaux, surtout lorsqu'ils sont placés dans un jour favorable.

Rassurez-vous : à la plus belle médaille il y a un revers ; ici encore, deux remarques bien simples viendront à votre secours. Pour le vernis teinté appliqué sur une ancienne peinture, le dévernissage (1) suffit ; il se pratique dans un tout petit endroit, sur un coin du ciel, dans une partie claire, par exemple : alors il arrive souvent qu'un beau soleil couchant n'est autre qu'une froide matinée d'hiver, ou, si c'est une tête, que des cheveux d'un blond doré deviennent d'un blond fade et terne.

C'en est assez pour vous fixer sur ces tableaux. Une chose plus simple encore consiste à appliquer un peu fortement l'ongle du pouce sur une épaisseur de couleur ; s'il y pénètre un peu profondément et y laisse une trace indélébile, vous pouvez arguer, en toute sécurité, que vous êtes en présence d'un tableau moderne, la peinture ancienne refusant toute empreinte sous la pression de l'ongle.

---

(1) Le dévernissage tel qu'il est indiqué au chapitre IV suffit.

La troisième manière s'exerce en salissant la peinture elle-même et en enfermant cette crasse sous le corps du vernis ; elle se pratique le plus généralement sur des tableaux par trop défectueux ou surchargés de restaurations. Un œil habile et un peu d'expérience à juger les choses d'art nous prémunissent facilement contre cet autre genre de fraude. Aussitôt le doute éveillé, un examen attentif à la loupe révèle de suite le procédé employé ; il arrive aussi quelquefois que tous les moyens sont mis concurremment en jeu.

Le soleil de son côté vient aussi prêter complaisamment et surtout bien innocemment son concours, en atténuant, par la vivacité et la force de ses rayons lumineux, l'éclat des couleurs ; sa présence prolongée sur une peinture en fait craqueler et fendiller le vernis, ce qui lui donne de suite l'apparence du vieux.

Les tableaux non vernis, frottés avec une couenne de lard, prennent en séchant une teinte jaunâtre occasionnée par la présence de la graisse qui s'y trouve déposée. D'autres les fument comme de véritables jambons.

L'oxydation des peintures sur cuivre s'obtient au moyen des vapeurs acides, ou des sels, etc...

Enfin, pour terminer cette énumération par trop longue, rappelons-nous une chose, que si l'école italienne fut en butte à toute une légion de truqueurs et de vandales, l'école flamande n'en fut pas plus exempte ; et que dans ces derniers temps elle devint le point de mire de la cupidité envahissante, non seulement de quelques marchands, mais encore, chose plus horrible à avouer, de plusieurs peintres capables, qui, en avilissant leurs pinceaux, souillèrent leur conscience et leur talent en prêtant la main à cette exploitation malsaine, devenant en quelque sorte, par leur complicité, les auteurs de ce tripotage illégal : mais la science, heureusement, avec ses précieux enseignements, fruits de laborieuses recherches, fait maintenant justice de tous ces agissements et de toutes ces friponneries. Si l'artifice a pu un moment égarer nos yeux, il n'a su jusqu'à présent accomplir l'œuvre progressive du temps.

L'homogénéité, la consistance que la peinture acquiert à la longue, n'a pas encore rencontré d'imitateurs ; c'est précisément là que s'est heurtée l'habileté du faussaire dans l'art de pasticher. L'ancienneté d'une toile peut donc être constatée de deux manières différentes : d'abord par la pression de l'ongle sur la pâte du tableau, comme nous l'avons dit plus haut, ensuite par le frottement d'un grattoir sur cette même couche de couleur. Si la peinture est moderne, et qu'elle soit donnée comme ancienne, elle devient molle par le frottement, et le vernis se roule en grumeaux qui adhèrent aux doigts. Dans le cas contraire, si elle est réellement ancienne, le vernis se réduit en poussière fine et brillante, en une poudre résineuse et impalpable, ou bien s'enlève par écailles cassantes, sèches et dures, qui nous annoncent invariablement l'évaporation complète des matières grasses et résineuses ayant servi à la confection du vernis et que le temps seul a pu faire disparaître.

Indépendamment des salissures il se pratique encore d'autres fraudes sur les tableaux : on repeint entièrement un sujet sur une vieille toile, puis on la passe au four pour faire sécher la couleur et obtenir le fendillé des anciens tableaux. Une couche de vernis au bitume ou une solution de réglisse noir donne à la croûte ainsi obtenue ces tons dorés si chauds que recherchent les amateurs. On l'agrémente encore çà et là de chiures de mouches que l'on obtient en promenant, à quelques centimètres du tableau, une brosse chargée d'une solution de colle de poisson et de sépia et en la frottant sur une raquette en fer ou tout autre grillage.

Les repentirs jouent également leur rôle dans les imitations.

Les piqûres de vers obtenues avec des grains de plomb sur les panneaux dont les vieux bahuts, les vieilles armoires fournissent le fond ; les vieux cachets, les parchemins, tout est mis en œuvre, avec le plus grand art, pour arriver à tromper l'amateur inexpérimenté et pour chercher à déjouer la science des plus habiles experts.

CHAPITRE III

DE LA RESTAURATION DES TABLEAUX. LEUR NETTOYAGE.

En donnant ici tous les détails nécessaires au nettoyage des tableaux, notre intention n'est nullement d'exciter les amateurs qui n'ont aucune habitude avec ce genre d'opération, d'essayer de mettre en pratique les différents procédés que nous allons décrire : bien au contraire, car dans l'intérêt de l'art en premier lieu, puis ensuite pour leur intérêt personnel, nous les dissuadons bien d'essayer par eux-mêmes le travail si simple en apparence, mais cependant si délicat, de la restauration des tableaux que la pratique réitérée a pu seule faire acquérir.

Qu'ils se rappellent sans cesse que le moindre oubli, le plus petit tâtonnement, un retard, fût-il aussi court que la pensée, deviendrait pour eux une source de chagrins et quelquefois même un mal irréparable.

La théorie ici n'est rien, la pratique seule secondée par l'expérience est tout ; elle aide à surmonter les difficultés sans nombre qui surgissent à chaque pas. Notre travail, pour ceux qui ne sont pas initiés à l'art de la peinture, ne servira que de conseiller, de guide, pour diriger les premiers pas dans la voie des essais (sur des toiles sans valeur), qu'ils ne craindront pas de perdre ou d'endommager. Mais où il leur deviendra d'une grande ressource, d'une utilité marquante, ce sera pour surveiller et diriger les différentes épreuves que le restaurateur auquel ils auront confié leurs tableaux leur fera subir. C'est donc aux peintres et aux restaurateurs que nous nous adressons.

L'art de la restauration se divise en deux parties bien distinctes : la première a pour but le nettoyage ; c'est celle qui, à nos yeux, présente le plus de difficultés à pratiquer ; c'est la plus minutieuse, celle qui est en même temps la plus délicate à exécuter.

Rien ici ne doit rester livré au hasard des expériences, tout dans la restauration d'un tableau doit être fait avec connaissance de cause, sous peine de voir, par la moindre maladresse, à tout jamais anéantie l'œuvre que l'on se proposait de faire revivre et de sauver de la destruction du temps.

La seconde partie, c'est-à-dire le côté artistique de la restauration, n'est rien en comparaison de la première, la patience seule, la plupart du temps, devient son partage.

Pour peu que l'on soit familiarisé avec l'emploi de la brosse et le mélange des couleurs sur la palette, on y arrivera facilement. Il n'est pas rare de rencontrer des restaurateurs de profession n'ayant aucun talent, tant en dessin qu'en peinture, réussir admirablement des réparations dans lesquelles un artiste habile aurait probablement échoué ; entraîné qu'il aurait été par la fougue de son imagination, de son génie, qui l'aurait poussé à imiter ou traiter le maître dans un sentiment tout autre que celui dans lequel l'œuvre avait été conçue.

La restauration est donc un métier dans lequel celui qui l'exerce doit faire abnégation de lui-même, pour se borner à la retouche vétilleuse soit des craquelures, des petites taches ou pointillés, soit des manques de couleur, et des mille et un petits accidents provenant du temps, de l'usure ou de toute autre cause.

C'est donc une habitude pure et simple qu'elle exige ;

une dose de patience proportionnelle à la longueur du travail à exécuter et rien de plus.

L'art, au contraire, reprend son empire et le métier cesse, lorsqu'il s'agit de grandes restaurations de parties manquantes dans lesquelles le dessin et la couleur jouent un rôle important, où il faut harmoniser et coordonner une partie du dessin à refaire avec l'ensemble de la composition existante.

Là, seul, le génie de l'artiste peut se déployer dans toute son étendue, il faut qu'il s'identifie en quelque sorte au maître qui l'a créé, qu'il devienne un second lui-même, interprétant l'œuvre dans la manière dont elle a été conçue ; ce qui ne s'obtient que par la pénétration du sentiment qui l'a fait naître. Il faut aussi que l'artiste transforme sa manière de peindre en celle de celui qu'il répare : sa couleur alors doit devenir celle du maître ; enfin, pour arriver au complet résultat, il doit élever son talent à la hauteur de celui qu'il faut égaler pour que, toute abnégation faite, l'œuvre soit reconstituée dans son état primitif.

Ceci dit, passons à l'énonciation des procédés : mais avant de commencer, n'oublions pas de dire hautement et ne craignons pas de le rappeler souvent, que l'emploi des acides doit être entièrement et rigoureusement proscrit. Leur action corrosive, en rongeant la peinture, enlève ses demi-teintes et ses glacis.

Les récurages aux eaux de lessive et aux cendres doivent être bannis, le tableau n'étant pas un ustensile de ménage à décrasser ou à faire briller.

Les alcalis, les savons, sont encore très pernicieux, car les lavages, même réitérés, ne peuvent débarrasser la toile des molécules pour ainsi dire invisibles, occasionnées par la présence et la désagrégation du savon qui se loge soit dans les pores du bois du panneau, soit dans les interstices du tissu

de la toile, ou bien encore entre les fentes et craquelures
de la peinture.

Les alcalis eux, de leur côté, ont l'inconvénient, par leur
présence, de faire oxyder les couleurs blanches et de leur
faire prendre une teinte jaunâtre occasionnée par les vapeurs qu'ils dégagent.

C'est donc à de simples moyens qu'il faut avoir recours,
à des produits inoffensifs qu'il faut s'adresser. Pour bien
réussir en restauration, rappelons-nous sans cesse ces deux
vers du bon Lafontaine dans la fable du *Lion et du rat*, et
que nous avons déjà cités au début de ce livre :

> Patience et longueur de temps
> Font plus que force ni que rage.

Indépendamment de la connaissance des différentes manières de travailler, employées par chaque école, le restaurateur doit encore étudier les diverses causes chimiques
qui ont pu, par la suite des temps, causer les dommages à
réparer. Apprendre à distinguer l'action que produit l'air
froid ou chaud, sur les vernis en général, puis ensuite
sur tel ou tel vernis en particulier ; savoir si les tableaux sur lesquels ils sont posés sont anciens ou modernes, intacts et naturels, ou s'ils ont été travaillés arti-
ciellement, c'est-à-dire trafiqués par le commerce, à l'aide
des salissures dont nous avons parlé plus haut : toutes ces
remarques ne s'acquièrent que par l'étude et la pratique.

La première opération à faire subir à un tableau, quel
qu'il soit, toile ou panneau, consiste dans un premier nettoyage, dont le but est de le débarrasser de toutes les impuretés qui le recouvrent et qui nuiraient à la vue générale
de son ensemble.

Pour obtenir ce résultat nous avons recours à un premier
lavage à l'urine, qui par sa chaleur douce ne tarde pas à

ramollir les corps étrangers adhérant sur la surface à nettoyer, tels que la fumée, la poussière, les taches de mouches, etc., que l'on enlève facilement une fois détrempées, par le frottement d'un petit bout de bois tendre, légèrement émoussé, dont la grande flexibilité éloigne toute crainte de rayer la peinture. Les corps qui résistent à cette chaleur se dissolvent au contact de la faible et inoffensive partie de sel et d'acide se trouvant contenue dans l'urine.

Deux ou trois lavages ainsi répétés à l'aide d'une éponge suffisent pour débarrasser entièrement la crasse recouvrant le vernis avec lequel elle ne fait pas corps.

Si notre procédé répugne aux amateurs, qu'ils en choisissent un autre, mais nous pouvons leur affirmer à l'avance qu'ils ne gagneront rien à l'échange ; seule, la salive peut remplacer l'urine ; elle possède comme elle la chaleur naturelle si nécessaire au ramollissement des crasses ; elle a aussi la propriété, par la présence de sa faible partie d'acide, de dissoudre les matières grasses que la chaleur seule ne saurait toujours atteindre entièrement ; son usage, cependant, n'est praticable que sur de très petits panneaux, et l'on ne pourrait employer imprudemment ce procédé, sous peine de se voir devenir pulmonique en peu de temps.

La franchise fait notre mérite en indiquant ici hautement ce procédé, car nous avouons sans détour ce que les autres pratiquent constamment en cachette. Dans les arts il ne doit point y avoir de fausse honte, il faut s'expliquer nettement et surtout loyalement.

Un ou deux lavages à l'eau pure servent à débarrasser la toile de tous les corps étrangers qui auraient pu y rester : l'excès d'eau est enlevé en tamponnant légèrement, avec un linge sec, pour empêcher le chanci de se former par la présence de l'humidité.

La première opération se trouve ainsi terminée.

Quelques amateurs, dégoûtés du procédé, ont remplacé le lavage à l'urine par celui du savon ; il en est toujours résulté de grands désagréments : employé aussi faible que possible, soit directement en le frottant sur la toile, soit tout simplement en le passant sur l'éponge, il ne s'en introduit pas moins dans le tissu de la toile ou les pores du panneau, et, par son séjour, il ronge les parties de couleurs qui l'entourent.

C'est donc un expédient nuisible, qu'un homme consciencieux, conservateur des œuvres d'art, doit rejeter comme impropre aux opérations du nettoyage.

CHAPITRE IV

DES VERNIS ET DU VERNISSAGE.

Nous venons de parler des vernis, de leur degré de dureté, ainsi que de leurs diverses propriétés, mais ce sur quoi nous ne nous sommes pas encore expliqué, et qui est le plus essentiel, c'est sur leur composition.

Les résines, dissoutes dans l'alcool ou les huiles essentielles, forment ce que l'on appelle les vernis. Leur propriété est de pouvoir s'appliquer sur toute espèce de corps, tels que la toile, le cuir, le bois, le marbre, le cuivre, le fer, l'acier, etc. Sa double mission est de préserver les objets qu'il recouvre du contact de l'air et de l'humidité.

Il existe trois sortes de vernis bien distinctes, qui, ensuite, se subdivisent entre eux, en raison des matières qui entrent dans leur fabrication, et suivant les substances sur lesquelles ils doivent être apposés.

Nous ne nous occuperons ici que des vernis relatifs à la peinture à l'huile : ils se divisent en trois classes, savoir : 1° *les vernis clairs* ou à *l'esprit de vin* ; 2° *les vernis gras* ou à l'huile, et 3° *les vernis à l'essence*.

Le premier, le vernis à *l'esprit de vin*, a pour base la sandaraque (1), le mastic en larmes (2), et la térébenthine

(1) La sandaraque est une résine que l'on nous apporte en larmes claires, luisantes, diaphanes et de couleur blanche. Elle provient du genévrier, on l'obtient par incision. Elle nous vient de l'Italie, de l'Espagne et de l'Afrique.

(2) Le mastic en larmes s'obtient par l'incision faite aux jeunes branches du *Pistacia lantiscus*, qui croît dans les îles de l'Archipel et à Chio.

de Venise. La sandaraque et le mastic donnent la solidité
au vernis, la térébenthine lui donne son brillant. Ces vernis
sur les tableaux ont l'inconvénient de faire jaunir la peinture.

Le second, le vernis gras ou à l'huile, a pour base
tantôt le copal (1) ou bien le Karabe ou ambre (2), substances
qui, à la solidité, unissent la souplesse. Elles s'incorpo-
rent à l'huile grasse ou à l'huile de lin. soit à l'essence de
térébenthine et à la gomme laque.

Ces vernis, trop colorés par eux-mêmes, empâtent les
peintures et par conséquent en voilent les détails. Ce sont
ceux généralement employés pour vieillir les tableaux.

Le troisième, le vernis à l'essence, a pour base l'essence,
le mastic en larmes et la térébenthine de Venise ; il est
moins coloré que les deux premiers à cause de la volatilité
de sa base, il est très précieux par la qualité de son brillant
et de son éclat ; facile à enlever au dévernissage, il est de-
venu de préférence celui employé pour les tableaux.

Une fois le nettoyage terminé, la connaissance des vernis
acquise, leur base reconnue, soit alcool, huile ou essence,
on procède avec sécurité au dévernissage.

Le vernis à l'alcool posé sur des peintures d'une exécution franche et hardie, fortement empâtée, s'enlève avec
l'esprit de vin, dont la force est amoindrie par la présence
de l'essence de térébenthine.

On prépare deux tampons de coton, bien cardé, d'égale
grosseur (la grosseur d'une noix suffit).

Le premier est imbibé légèrement d'esprit de vin et
l'autre d'essence de térébenthine. On prend dans chaque

(1) Le copal est une résine jaune, luisante et transparente, qui nous
vient des Grandes-Indes.
(2) Le Karabe ou ambre jaune est une substance bitumeuse, dure comme
la pierre, et qui nous vient d'Amérique.

main un de ces tampons, et l'on commence à frotter toute
la surface du tableau avec celui contenant l'essence ; l'ensemble de l'œuvre ressort alors entièrement. L'essence,
ainsi répandue, a pour effet le ramollissement du vernis
qu'elle détrempe. On passe rapidement et avec précaution
le coton imbibé d'alcool, en commençant par le centre du
tableau, et en élargissant le cercle jusqu'aux extrémités les
plus reculées de la toile. On réitère ainsi plusieurs fois l'o-
pération jusqu'à ce que le vernis paraisse se dégager de la
peinture. Procédant alors avec la plus grande réserve, et les
soins les plus attentifs et les plus minutieux, on passe un nouveau tampon de coton imbibé d'alcool, on enlève dans un tout
petit cercle le vernis en dissolution, et, par un mouvement
aussi rapide que la pensée, on frotte la place avec le tampon
imbibé d'essence ; il ne faut pas de temps d'arrêt, l'alcool
rongerait la peinture ; on roule son coton, déjà sali, sur lui-
même pour renfermer vers le centre la partie déjà salie
par le vernis. On recommence la même opération pour tout
le reste du tableau à dévernir, en ayant soin de ne jamais
revenir sur la place nettoyée. Le coton devenant trop mal-
propre est rechangé de temps à autre. En dévernissant ainsi,
il est nécessaire que l'œil soit bien attentif à ce que la main
exécute ; il faut se rendre un compte bien exact des parties
sur lesquelles on opère.

Il se présente souvent des endroits repeints qu'il faut mé-
nager, ce sont ceux qui ont été refaits par le restaurateur
aux places où la peinture manquait. Il arrive aussi que
l'inhabileté du restaurateur l'a contraint à recouvrir entièrement le maître, alors il n'y a pas à balancer. Si le tableau
est bon, il faut impitoyablement découvrir le dessus pour
faire revivre le dessous ; ce résultat s'obtient en recouvrant
de nouveau la retouche d'une couche d'essence, peu à peu
elle ramollit la couleur de la retouche qui est moins dure

que l'ancienne ; elle cède enfin sous un léger frottement qu'on lui imprime avec le tampon à l'alcool.

Quelques praticiens emploient aussi le grattoir ; mais c'est toujours un outil fort dangereux, dont il ne faut se servir qu'en dernier ressort, avec ménagement et prudence, surtout pour une peinture sur toile, dont un rien suffit pour effleurer le grain et couvrir le tableau d'une infinité de petits points blancs d'un aspect désagréable à l'œil.

C'est à l'aide du même procédé que s'enlèvent les gros vernis gras ; seulement on y laisse séjourner l'essence plus longtemps pour lui donner la facilité de pénétrer plus avant dans le vernis.

Les toiles dont la peinture est légère, les lumières placées en surcharge, les demi-teintes exécutées par glacis, telles que les tableaux de l'École flamande, ne peuvent se dévernir qu'à sec, sous peine d'enlever tous les détails ; pour ceux-là, en frottant légèrement avec le bout du doigt sur le vernis, on parvient ainsi à le réduire en poudre. Si par hasard il résistait à s'entamer, que sa dureté ne lui permît pas de se convertir en poussière, il faudrait aider l'opération en ajoutant un peu de poudre de colophane pulvérisée. Par le frottement, le vernis ne tarderait pas à se décomposer en une poussière fine et brillante ; il est bien entendu qu'il faut passer le doigt bien également partout, et suivre les progrès qui s'opèrent. On s'assure de l'effet produit en mouillant légèrement la partie enlevée. Une fois sèche, on recommence jusqu'à complet dévernissage. Une autre manière d'enlever le vernis consiste encore à en recouvrir le tableau d'une nouvelle couche, puis, une fois sec, à l'enlever par les moyens que nous avons indiqués plus haut, c'est-à-dire par l'emploi de l'essence et de l'alcool.

La partie fluide du vernis nouveau pénètre dans l'ancien,

et, en le ramollissant, il lui rend son élasticité première ; il est bien entendu que les procédés que nous venons de décrire ne s'appliquent qu'aux anciennes peintures ; car si l'on mettait les peintures modernes en contact avec l'essence, elles ne tarderaient pas à se détremper pour ne laisser qu'un horrible badigeonnage.

Pour le dévernissage des tableaux modernes, on procède avec l'alcool, mais le tampon à l'essence se trouve remplacé par un tampon à l'huile d'œillette qui vient modifier et neutraliser l'action corrosive de l'alcool.

Quelques peintres, désireux de juger de l'effet de leur tableau et de lui retirer les embus, ont souvent employé un vernis factice et provisoire qui leur permettait, plus tard, la retouche, après un lavage préalable à l'eau tiède. La substance employée pour cela consistait tout simplement dans du blanc d'œuf, que l'on étendait, comme le vernis ordinaire, sur toute la surface de la toile.

Cette composition acquiert par le temps une consistance aussi dure que celle de la pierre, mais il suffit, pour l'enlever, de la ramollir par plusieurs lavages à l'eau tiède.

CHAPITRE V

Dégagé de tous corps étrangers, le tableau n'a plus qu'à recevoir la dernière préparation avant de passer à l'opération de la peinture qui constitue la seconde partie, c'est-à-dire la partie artistique de la restauration. Le mastiquage se fait avec le secours d'un couteau à palette très souple susceptible d'atteindre dans toutes les parties.

On obtient ce mastic en faisant dissoudre de la colle forte au bain-marie (1), et la mélangeant, suivant les besoins, avec de la poudre de pastel broyée à l'huile d'œillette dont on fait varier la couleur, la nuance, pour se raccorder le plus possible comme ton avec l'endroit à retoucher. Ce mode de procéder avec le pastel a l'avantage sur le blanc d'Espagne en ce qu'il donne, une fois l'opération terminée, une ébauche entièrement en harmonie avec le tableau, au lieu de présenter à l'œil une masse de taches blanches qui, désagréables à la vue, ne font que compliquer le travail de la restauration.

Pour rendre lisse, unie et polie la surface du mastic, on passe dessus, dans tous les sens, une petite spatule ou truelle en fer (fig. 9) légèrement mouillée.

La couleur du mastic devient plus terne en séchant; cet effet est dû à l'embu de la colle et de l'huile, mais il ne faut nullement s'en effrayer.

(1) La colle forte a, sur la colle de Flandre ou de peau, l'avantage d'être moins sujette à l'humidité.

Dès que le tout est bien sec, il suffit de passer sur toutes ces retouches un pinceau enduit de siccatif de Harlem ; aussitôt le mastic reprend son aspect vif et brillant comme tout le reste de la peinture.

L'emploi de l'huile retire à la colle forte ce qu'elle pourrait avoir de par trop sec et l'empêche de se fendiller ou de se détacher par écailles. Il faut du reste bien éviter d'employer la colle forte par trop épaisse. Une colle légère, contenant beaucoup d'eau, est préférable, dans ce cas, pour la solidité.

CHAPITRE VI

La restauration au mastic que nous venons d'indiquer convient parfaitement aux peintures sur panneaux : elle rebouche parfaitement les places où la peinture manque, mais elle ne peut s'appliquer aux déchirures ou trous que l'on rencontre fort souvent dans les toiles. Il y en a même à réparer dont la maladie est si grave qu'il faut remettre des pièces pour remplacer les parties endommagées.

Pour faciliter ce genre de restauration, nous allons décrire ici, avec tous les soins possibles, un procédé que nous seul mettons en pratique depuis de longues années et dont nous seul nous sommes servi, jusqu'à ce jour.

Sa supériorité incontestable sur toutes les autres méthodes nous a fortement engagé, dans l'intérêt même de l'art, à le faire connaître aux amateurs. Pour plus de facilité dans son exécution et dans sa mise en pratique, nous avons joint quelques figures explicatives, qui viendront, par leur présence, compléter ce que la théorie aurait d'insuffisant.

Les accidents qui se rencontrent sur les toiles sont de deux genres bien distincts l'un de l'autre, et se divisent ainsi :

Premièrement, la crevasse pure et simple, c'est-à-dire celle occasionnée par la chute d'un corps dur sur la toile, et qui l'a traversée de part en part, en cassant ou arrachant la peinture et le tissu de la toile, laissant un trou béant dont les deux parties peuvent se rapprocher et se rejoindre l'une l'autre (fig. 1 et fig. 3).

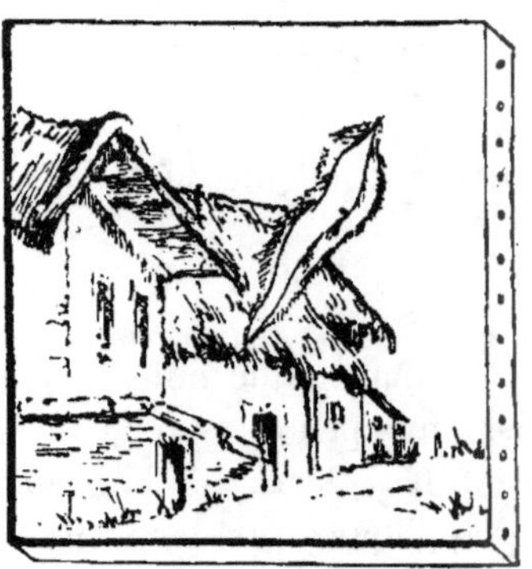

Fig. 1.

Secondement, la cassure qui a fait trou, celle dont le

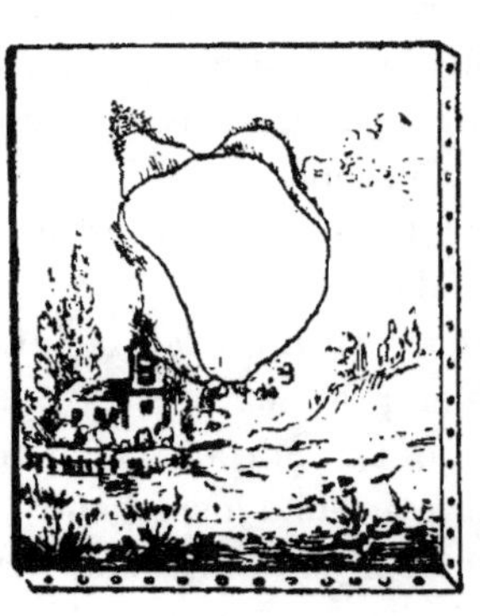

Fig. 2.

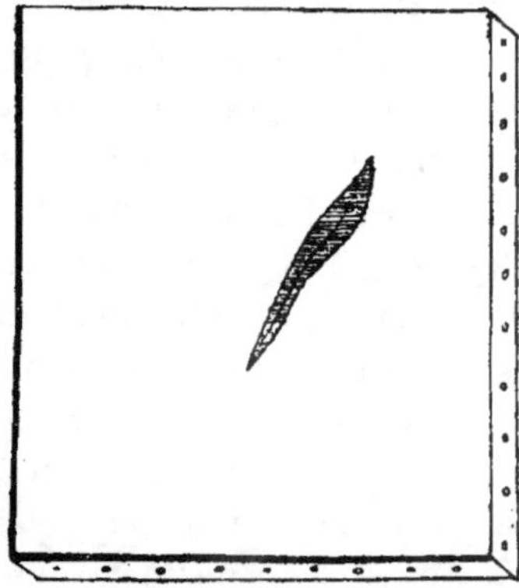

Fig. 3.

morceau a été complètement enlevé, par conséquent dont les extrémités ne peuvent se rejoindre (fig. 2).

Pour bien faire comprendre ces deux manières de restauration, nous réclamons toute l'attention de notre lecteur, il sera bientôt convaincu de l'importance de notre système, ainsi que de sa supériorité sur tous les autres.

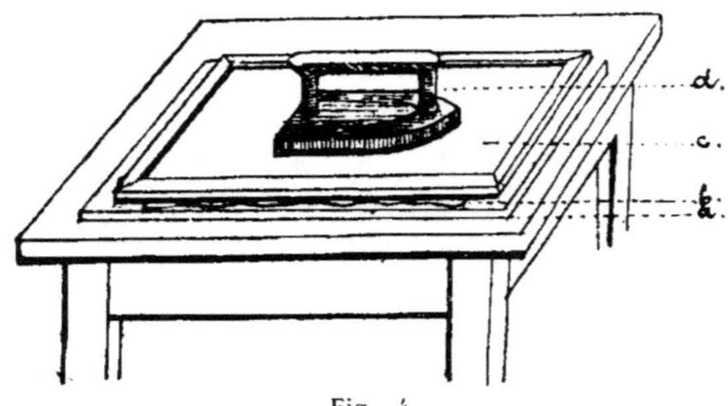

Fig. 4.

Pour le premier cas, c'est-à-dire pour la cassure ou crevasse simple (fig. 1), celle dont les bords peuvent se rapprocher (fig. 3), on procède comme il suit : sur une table bien plane et bien unie (fig. 4), on pose un morceau de verre double (*a*) plus grand que la déchirure que l'on a à raccommoder ; ceci fait, on recouvre le verre d'une feuille de papier écolier (*b*) (le plus mince est le meilleur) ; puis on renverse la toile sur ce papier, c'est-à-dire le côté de la peinture, la face tournée, bien entendu, vers le papier. Une fois placé, le dessus que vous voyez est le revers de la toile, c'est-à-dire le côté du tissu. On prend alors un fer à repasser à peine chaud (1), et ayant rapproché avec soin les deux extrémités de la cassure, on passe doucement le fer dessus après avoir préala-

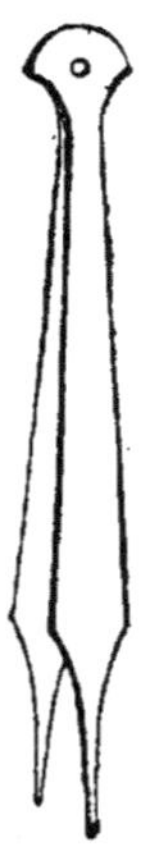

Fig. 5.

____

(1) Il est très important ici que le fer ne soit que légèrement tiède, sans quoi, au lieu d'aider à la dilatation, il racornirait et durcirait la peinture.

blement redressé les fils tordus, les avoir alignés à l'aide de brucelles (1) (fig. 5). Lorsque ces fils sont bien en regard les uns des autres (fig. 3), vous replacez dessus votre fer que vous y laissez refroidir, ainsi que le représente la figure.

Le but que l'on se propose en passant un fer chaud est de ramollir la colle et l'huile contenues dans le tissu de la toile, tissu qui s'est trouvé racorni par la présence de l'air, pendant l'espace de temps plus ou moins long qui s'est écoulé entre l'accident occasionné au tableau et sa répara-

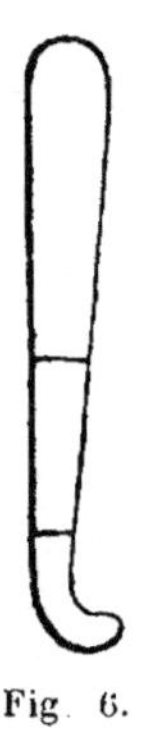

Fig. 6.

tion. Le séjour du fer qui se refroidit sur la toile devient une mesure de prudence empêchant les bords de la cassure de se redresser et de reprendre par conséquent leur première forme en se racornissant de nouveau ; ce qui arriverait infailliblement par le refroidissement de la toile au contact du courant d'air arrivant sur sa surface.

Pour pouvoir maintenant reconstituer le tissu primitif de la toile, il ne reste plus qu'à enduire chaque extrémité de bouts de fil d'une pointe de colle forte : remarquez bien, je dis une pointe et non une goutte, un atome suffit.

La colle prend immédiatement : alors, à l'aide de l'ongle ou d'un outil dont se servent les doreurs, un brunissoir (fig. 6), vous frottez légèrement sur vos fils pour les étendre, et les faire adhérer l'un à l'autre. Dès que le tout est bien remis en place, que le tissu a repris sa forme primitive, que rien, en un mot, ne cloche plus à l'œil, vous recouvrez ce travail d'un papier légèrement gras, c'est-à-dire préalablement frotté avec du beurre (2), le tout est chargé d'un poids et on laisse sécher pendant douze heures.

(1) Brucelles, petites pinces dont se servent les bijoutiers.
(2) Il faut cependant que ce papier ne graisse plus les doigts au toucher.

Ce laps de temps écoulé, on enlève la charge ayant servi à donner la pression, puis on retire le papier, que le corps gras a empêché d'adhérer à la colle. Le tissu recollé a repris son aspect primitif.

Relevez ensuite votre toile, le papier écolier que vous avez placé sur la glace se trouve fixé à la peinture par la présence de la colle. Pour le détacher, il suffit d'humecter avec un peu de salive, il se retire immédiatement ; il faut apporter ici la plus grande prudence pour ne pas décoller les fils qui viennent d'être fixés ensemble.

Le tissu est donc réparé ; il ne s'agit plus que de reformer les parties où la peinture, en s'écaillant, a laissé des vides ou des manques de couleur. Cette opération n'est autre que celle du rebouchage ou mastiquage à la colle, à la poudre de pastel et à l'huile, que nous venons de décrire chapitre V et auquel nous renvoyons notre lecteur. La surface ainsi préparée devient propre à la restauration artistique.

Avec un peu de poudre de pastel de la couleur du tissu de la toile, on raccorde la teinte de l'envers du tableau de manière que si le travail a été fait avec un peu d'habileté, il est impossible de s'apercevoir, soit à l'endroit, soit à l'envers, que le tableau a subi la moindre réparation.

Dans le second cas, c'est-à-dire lorsque la déchirure a laissé un vide par trop grand, il n'y a pas à hésiter, il faut de suite recourir à l'application d'une pièce pour remplacer la partie manquante. On commence alors l'opération en redressant les fils, en les bien plaçant et en ramollissant la couleur et la colle par l'emploi du fer chaud, puis on laisse refroidir le tout sous ce même fer. Jusque-là, le travail s'exécute comme pour les simples cassures. C'est seulement ici que varie la manière d'opérer. Une fois la cassure bien rapproprié (fig. 7), que les fils sont bien tendus (coupant même au besoin pour les rafraîchir), on place sous cette

ouverture un morceau de toile à peindre de la même force
que celle du tissu que l'on se propose de raccommoder.
Après avoir tracé exactement, avec un crayon, tous les
contours de l'endroit à reboucher (fig. 8), on découpe
cette pièce avec des ciseaux en suivant bien exactement le
trait ou contour que l'on veut obtenir. La pièce enlevée A
(fig. 7) s'enclave alors bien exactement dans l'endroit à re-

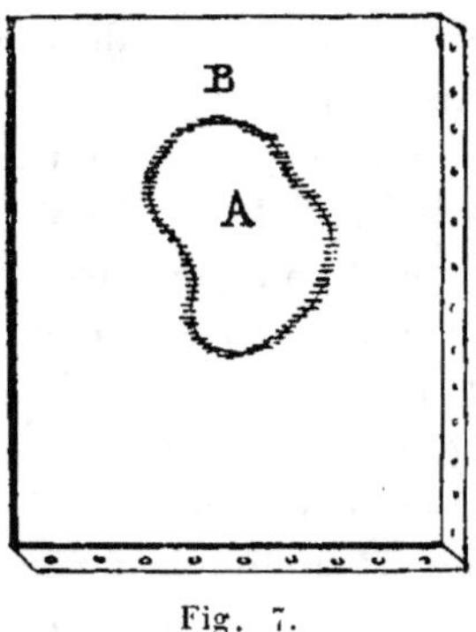
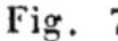
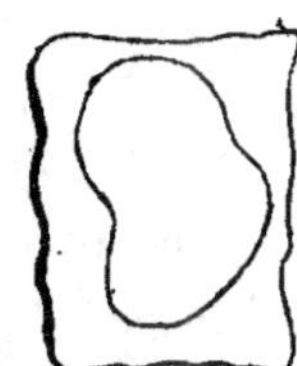

Fig. 7.   Fig. 8.

boucher (c'est en quelque sorte une incrustation); elle s'y
adapte parfaitement. Il ne reste plus qu'à la fixer au corps
de la toile.

Sur la table où se trouve placé le verre double, remplacez
le papier écolier par du papier légèrement graissé; la toile,
cette fois, se trouve inversement posée, c'est-à-dire la face,
le côté peint tourné vers le ciel. Vous avez eu, bien entendu, la précaution de placer entre la table et votre toile,
soit une planche, soit un livre, de la même épaisseur que
le bois du châssis sur lequel est tendu la toile, pour que
cette dernière puisse reposer sur un corps solide et ferme;
ces préparatifs terminés, vous enduisez de colle tout le tour
de votre pièce; il est bien compris que ce n'est que sur son

épaisseur seulement et non sur sa surface. Vous recom-
mencez la même opération sur les extrémités des fils du
tissu de la toile, puis vous ajustez votre pièce.

Prenant alors la spatule (fig. 9) que vous avez eu la précaution de faire légèrement chauffer à l'avance, vous mouil-
lez un peu, avec un pinceau, la ligne de jonction qui existe
entre les deux pièces à ressouder (fig. 7). La chaleur de la
spatule, faisant dissoudre de nouveau la colle, rend intime
l'adhérence des deux parties qui, par leur refroidissement,
n'ont pas tardé à s'unir et à se souder ensemble. Le fer chaud est alors replacé comme
moyen de pression. Douze heures sont nécessaires pour donner à la colle le temps de
se bien sécher.

Ce temps écoulé, on enlève le fer et on relève
la toile, elle présente à l'œil et au toucher une
surface d'égale épaisseur, même à la jointure
des deux pièces.

Votre tissu, par ce fait, se trouve raccom-
modé.

Reste maintenant le raccord à opérer. Il
s'exécute par l'addition du mastic, aussi bien
pour les petits manques de couleurs qui peuvent exister dans les parties environnantes de
la cassure que dans la cassure elle-même. Ceci

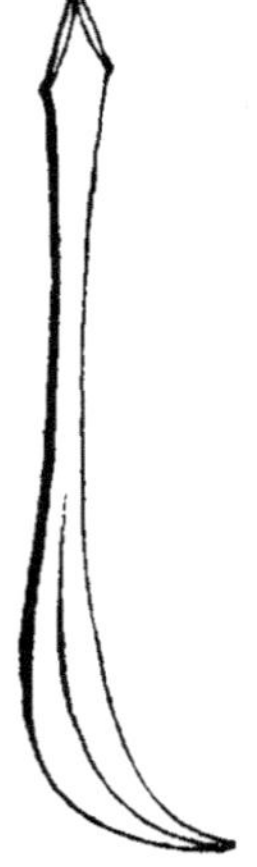

Fig. 9.

fait, la toile se trouve entièrement réparée. La toile présente
dès lors une surface aussi lisse que si elle n'avait jamais été
trouée. En même temps que son tissu lui est reconstitué. la
colle apposée sur les fils de raccord en les soudant les uns
aux autres leur rend leur première apparence.

Maintenant que nous venons de décrire notre procédé
tout au long, lecteurs, à vous de juger et d'apprécier ses
avantages.

Dorénavant plus de ces pièces malpropres qui, collées à l'envers d'un tableau, ne tardent pas à former sur sa surface une bosse ou relief plus désagréable encore que la cassure elle-même, et dont le tirage de la colle, sur la partie plus faible, fait naître des plis ou rayons disgracieux autour de ce morceau, espèce de soleil sur les rayons duquel la lumière en se jouant forme une auréole brillante du plus mauvais effet.

Avec notre procédé de restauration, il n'est donc plus besoin de ces retouches au mastic, formant épaisseur, dont l'huile, ou le copal, par leur peu de stabilité, finissent toujours à la longue par altérer la retouche, au détriment de l'œuvre restaurée.

La seule récompense que nous ambitionnons pour une telle découverte, que nous abandonnons si généreusement au profit du public, est de voir notre secret universellement mis en pratique par tous les restaurateurs de tableaux au plus grand profit de l'art.

CHAPITRE VII

DE LA RETOUCHE.

Le travail matériel en quelque sorte terminé, nous passons à celui de la retouche. On nous trouvera peut-être ridicule de nous être si fort appesanti sur d'aussi petits détails, sur des minuties insignifiantes en apparence, mais qui cependant ont une très grande importance par le bon résultat d'un travail sérieux ; mais, rappelez-vous le bien, pour être bon restaurateur il faut que l'on soit vétilleux, et, si nous osons nous exprimer ainsi, chercher l'impossible.

On ne saurait jamais prendre trop de précautions dans la restauration d'un tableau.

Nous allons maintenant entretenir notre lecteur de la seconde partie de la restauration, c'est-à-dire de la partie artistique.

Elle s'exerce de deux manières différentes : la première manière consiste à cacher, le mieux possible, les avaries survenues au tableau soit en le repeignant en entier, soit en n'en retouchant qu'une partie, suivant la plus ou moins grande facilité, en surmontant ou éludant les difficultés par la superposition de la couleur sur celle du maître.

Cette manière est celle qui est la plus généralement adoptée dans le commerce des arts. Sa grande rapidité d'exécution, son prix relativement modique, satisfait presque toujours la cupidité de certains marchands peu scrupuleux. Cette manière de procéder est connue dans le commerce des arts sous la dénomination de recallage ou replâtrage.

Tout, dans ce mode de procéder, est livré au caprice de l'artiste, à son imagination plus ou moins heureuse, et à son savoir plus ou moins grand.

Pour nous, plus humble et plus modeste, nous préférons de beaucoup la seconde manière, celle qui est réservée pour les tableaux de prix, pour les toiles des véritables collectionneurs.

Le peintre qui l'exerce doit faire abnégation de lui-même, de son savoir, pour s'identifier avec le maître qu'il est appelé à faire revivre : il ne doit refaire que juste ce qui manque. Le moindre trou, la moindre craquelure est rebouchée isolément ; tout ce qui existe, même la plus infime partie, tout doit être conservé et servir de guide pour la recherche du ton. Les craquelures se rebouchent sans que la couleur dépasse les bords, sur lesquels elle ferait infailliblement tache : pour cela, des pinceaux longs de poils sont nécessaires ; ils donnent une pointe aussi fine qu'une aiguille et pénètrent facilement jusqu'au fond de la fente ou sillon qu'il faut reboucher et raccorder. C'est dans tous ces soins, dans la pratique seule, que réside le vrai talent du peintre restaurateur.

Une touche juste et ferme, franchement posée, plutôt claire que foncée, constitue encore le mérite de l'excellent restaurateur.

La nécessité de tenir le ton un peu plus clair est due à la présence des huiles dans la couleur, qui, par la suite, en font hausser le ton. Les petites restaurations partielles en s'exécutant au vernis, dont la nature change fort peu, deviennent très solides par la suite. Pour les grandes parties à refaire, ce mode de procéder est impraticable, vu la trop grande promptitude à sécher du vernis. Il aurait de plus un

autre inconvénient, car si, plus tard, il fallait redévernir la
toile pour la nettoyer à nouveau, on serait exposé, en enlevant le vernis, à faire disparaitre infailliblement la retouche.

Nous ne pouvons donner ici de principes pour la manipulation des couleurs, ce travail étant exécuté par des personnes
nes aussi compétentes et expérimentées que nous.

CHAPITRE VIII

DU RENTOILAGE.

La grande difficulté de ce genre de travail en rend l'exécution fort dispendieuse ; aussi ne doit-on y avoir recours que pour des toiles d'une valeur réelle et pour lesquelles cette opération est devenue indispensable.

Le rentoilage constitue en quelque sorte un métier spécial, indépendant de celui du restaurateur ordinaire ; il faut une main habile et exercée pour l'exécuter. Les tableaux que l'on soumet au rentoilage sont ceux dont la toile se trouve dans un tel état de vétusté qu'il n'y a plus aucun moyen de la tendre ni de la vernir, par suite de la trop grande porosité de la couleur et du tissu. D'autres fois l'humidité, par un séjour prolongé, a tellement détérioré le tissu, qu'il est impossible d'y toucher sans qu'il tombe en pourriture. Dans un tel état, il n'y a plus à hésiter, il faut recourir au rentoilage si l'on tient à sauver la peinture qui recouvre le tissu, surtout si cette œuvre est celle d'un maître. Une seule manière nous permet de conserver ces précieux restes, c'est le rentoilage, qui, pratiqué avec adresse et dextérité, redonne à la toile, une fois l'opération terminée, son aspect primitif. Voici comment on procède :

Après avoir décloué soigneusement la toile de son châssis, s'être bien assuré qu'il ne reste plus de clous sur les bords du tissu, on la fait glisser (1) sur une table dont la surface

(1) Si l'on cherchait à la redresser, on s'exposerait à briser la peinture et à la faire tomber en écailles.

est bien plane ; le côté de la peinture se trouve donc tourné
vers le ciel ; on la fixe sur la table à l'aide de quelques clous
frappés par ci, par là, sur les bords : puis ensuite, on recouvre
cette même peinture d'une couche de colle-forte sur laquelle
on applique immédiatement une grande feuille de papier
blanc, en frottant en tous sens pour assurer l'adhérence
intime du papier avec la couleur, et éviter entre eux l'inter-
position des bulles d'air. Le papier une fois fixé également
partout, on recommence l'opération ; cette fois, bien entendu,
la couche de colle se donne sur le papier qui recouvre la
peinture ; trois ou quatre épaisseurs de papier suffisent.
Ainsi préparé, on abandonne le tout pendant huit ou dix
heures, pour bien donner le temps à la colle de sécher, et de
faire corps avec la couleur.

Il ne reste plus ensuite qu'à déclouer la toile que l'on
avait préalablement fixée à la table pour éviter qu'elle ne
se retirât pendant le séchage de la colle.

Une fois ceci fait, vous retournez votre travail sens dessus
dessous, c'est-à-dire de manière que la peinture, collée sur
le papier blanc, regarde la table et que le tissu à enlever
soit tourné vers le ciel. Là commence l'opération délicate ;
il faut mouiller le dos de la toile avec une éponge imbibée
d'eau tiède, et renouveler plusieurs fois cette opération pour
détremper et ramollir le tissu. C'est ici qu'il faut une grande
dose de patience, qu'il ne faut pas se presser, mais attendre
que le papier et la colle détrempés s'enlèvent d'eux-mêmes,
aidant et facilitant ce travail en soutenant avec des précautions sans nombre un coin de cette toile pour la détacher de la peinture. Vous renouvelez constamment l'eau
tiède (suivant les besoins), et la toile ou tissu finit par s'enlever alors insensiblement. En la roulant sur elle-même on
parvient, petit à petit, à la débarrasser de toute la peinture qui la recouvrait : par conséquent cette dernière

reste seule adhérente au papier sur lequel on l'a collée.

La toile, devenue inutile, est rejetée. Le travail se continue par un lavage méticuleux devant débarrasser la surface de la peinture des impuretés qui peuvent y adhérer encore. Ceci terminé, on abandonne ensuite jusqu'à ce que la peinture soit complètement sèche.

Pendant ce temps, on prépare le morceau de toile sur lequel on désire replacer son sujet, en ayant pris garde, toutefois, de le tenir un peu plus long et un peu plus large que la peinture elle-même, pour pouvoir le clouer sur le châssis.

Une fois sèche, enduisez l'envers de la peinture d'une couche de colle forte, répétez la même opération sur la toile que vous venez de préparer, et faites-les adhérer l'une à l'autre par un frottement réitéré dans tous les sens. On laisse encore sécher, puis on donne alors, pour finir, une dernière couche de colle très légère sur le tissu même de la toile, c'est-à-dire sur son envers. La colle pénètre, et vient par sa présence solidifier les parties que la première couche n'aurait qu'insuffisamment retenues.

Vous laissez sécher une dernière fois, et le tout est terminé.

Il ne reste plus qu'à tendre la toile sur le châssis, et la débarrasser des papiers qui la recouvrent et qui, par leur présence, nous ont aidés, pendant le travail, à maintenir en un tout solide la couche de couleur.

L'action de l'eau tiède passée avec une éponge sur ce papier ramollit la colle et permet de l'enlever sans difficulté. Si l'opération a été bien faite, vous aurez sous les yeux une couche de peinture aussi unie qu'une glace et reportée sur un tissu nouveau ; c'est ce que l'on appelle le rentoilage d'un tableau.

CHAPITRE IX

L'art de peindre a pour but la reproduction des œuvres
de la nature d'après les lois éternelles et immuables du beau :
l'unité et la simplicité sont ses premiers principes. Faire
revivre à nos yeux les chefs-d'œuvre de l'antiquité, tel a été
le but des grands artistes italiens.

Le fond de l'art, par lui-même, réside dans un excès
d'amour pour la nature, dans cet amour, qui réveille en
nous tous les précieux trésors que renferme l'objet aimé,
qui fait battre notre cœur à la vue des effets sans cesse
renouvelés qu'il produit.

C'est la nature dans toute sa poésie, au milieu de son cor-
tège de grâce et de splendeur. Le peintre lui, de son côté,
est le poète qui poursuit son rêve, sa chimère ; il l'aime,
elle le charme, il s'en enivre.

Sous ses doigts habiles, dans son imagination ardente,
il la voit, la travaille et l'interprète sous toutes les formes.
Si par hasard, capricieux et bizarre, il paraît s'en éloigner,
c'est pour y revenir au plus vite avec une nouvelle fougue
et un entrain plus grand.

En un mot, c'est la même âme, le même sentiment qui vit
dans toutes ces images.

L'amour de la nature est un trésor pour celui qui le
possède. Rien en elle ne lui échappe. Le voile obscur qui en

cache au vulgaire les plus profonds mystères se trouve entièrement effacé par lui. Il voit en elle des effets qui, pour le commun des martyrs, passent inaperçus. Sa relation est tellement intime, qu'il communique avec cette âme universelle, à laquelle il sait à son gré faire prendre toutes les physionomies.

Tantôt il nous la représente calme et souriante, réjouissant notre cœur; alors elle verse dans notre âme le baume consolateur. D'autres fois, plus impétueuse, surexcitée par les passions les plus violentes, elle nous inspire la terreur et l'effroi.

C'est de cet amour de la nature poussé à son plus haut degré, que dépendent les progrès dans les arts. Reflet fidèle de la nature, l'art, en représentant les grâces, les richesses, donne une seconde vie aux objets dont il s'empare; il les transforme par le contour de ses traits et la multiplicité de ses teintes. C'est le miroir vivant qui réfléchit fidèlement les objets qu'on lui présente, et en fixe à tout jamais l'image; il en retrace les formes, en reproduit les nuances et les tons, répandant sur eux l'harmonie qui en poétise le charme.

L'art, de même que la créature, est d'une essence imparfaite; Dieu n'a pas voulu qu'ils réunissent en eux toutes les merveilles de la perfection. Il n'est, à proprement parler, que la forme et l'image d'une pensée. La reproduction des images que la nature étale à nos yeux en est la traduction.

C'est du génie que l'artiste apporte dans son interprétation, que dépend tout son perfectionnement. Plus son imagination l'élève vers l'idéal, plus il grandit son œuvre, plus aussi il révèle les sentiments poétiques recélés dans son cœur. Si, au contraire, le peintre se bornait à l'imitation servile, pure et simple de la nature, c'est-à-dire dépouillée de tout le charme qui la fait aimer, oh! alors, il serait un pur artisan pour lequel l'art reste un vain mot.

La beauté dans l'art se divise en deux sortes bien distinctes l'une de l'autre : la première, celle fondamentale, est la beauté éternelle ; celle qui règne en maîtresse souveraine, qui est et existera toujours. Elle est immuable et absolue, c'est en un mot la beauté régulière et permanente, celle qui appartient à l'art proprement dit, elle existe partout, elle étend son empire sur toute la nature ; de l'aurore au couchant, du sommet des montagnes aux plus profondes vallées, tout est resplendissant de sa suave et mélancolique beauté. C'est ce que l'on peut appeler la brillante harmonie de la nature.

L'autre, la beauté accidentelle, est celle qui prend naissance dans les effets du hasard : elle est le résultat d'une cause quelconque, elle cesse d'exister en même temps que disparaît le motif qui l'a fait naître.

Le beau et la splendeur du vrai, c'est l'idéal porté à ses dernières limites.

Aucun moyen factice ne peut apprendre le sentiment et l'harmonie des couleurs, c'est un don de la nature inné en nous.

L'art réside tout entier dans la spontanéité ; le perfectionnement n'en est que le corollaire.

Une œuvre n'est réellement artistique, que lorsqu'à la poésie elle réunit l'expression, et qu'elle unit les deux qualités ensemble. Là seulement elle fait disparaître et oublier le procédé qui a servi à la produire.

L'homme de talent se distingue des autres en ce qu'il est lui-même, que toutes ses productions sont marquées d'un cachet de singularité qui l'éloigne de la manière habituelle de faire, ce qui caractérise les grands maîtres, qui tous ont été uniques en leur genre, car le génie qui perce est toujours le premier venu, tant par sa pensée que par l'ordonnance de son style. Comme nous le voyons par ce qui précède, dans toutes choses, science ou industrie, l'art doit prendre le premier rang, occuper la première place. Enfanté de lui-même, seul, sans secours, il a su grandir et s'immortaliser.

CHAPITRE X

Il ne suffit pas d'avoir un maître intelligent et observateur
pour étudier, il faut encore que l'élève possède en lui les
qualités nécessaires à l'étude.

On aurait beau copier indéfiniment de bons originaux, les
dessiner avec facilité, les peindre sans difficulté ; tout cela
ne serait pas encore le talent, si, après tous ces travaux, il
ne restait rien dans la mémoire et dans les doigts. En peinture, la théorie est nulle si elle n'est jointe à la pratique, et
cette dernière sans la théorie devient plutôt nuisible.

La mémoire artistique doit, chez l'élève, se développer
par un exercice continuel et répété, tant sur la forme que
sur la couleur des objets. L'imagination, de son côté,
s'exerce et s'accroît par l'agencement des objets, la disposition des lignes, le groupement des personnages et des choses
d'une façon gracieuse et agréable.

Les belles traditions, l'étude des grands modèles sont
pour nous autant de moyens de former et de développer
le goût. Les chefs-d'œuvre ne manquent pas, nous les ren-
controns partout, dans les vastes musées, dans les précieuses collections particulières. Cette profusion d'objets d'art
et leur trop grande agglomération présentent peut-être
quelques dangers par le fait même de leur surabondante
richesse ; mais guidé par un maître intelligent et habile, il
veille à ce que l'on n'y puise qu'avec mesure et discerne-

ment, pour ne point étouffer en son sujet l'éclosion du sentiment original. Il ne suffit pas seulement d'être bon copiste, il faut encore donner l'essor aux idées personnelles, s'apprendre à être soi. Aux dons naturels, il faut ajouter le savoir; fortifiez-vous, avant tout, par de sérieuses études sur nature, tant pour le dessin que pour la peinture; ensuite, apprenez à connaître les œuvres des grands maîtres pour élever votre goût vers l'idéal. Enrichissez votre esprit en puisant largement aux trésors de la nature, de l'art et du savoir.

Tels sont, à notre point de vue, les meilleurs moyens pour arriver à une prompte connaissance de l'art et les conseils les plus pratiques pour faire de rapides progrès.

CHAPITRE XI

Le choix de la pièce dans laquelle le peintre doit travailler n'est pas indifférent. Cet endroit que nous qualifions du titre d'atelier doit présenter certaines conditions essentielles qu'il est nécessaire de réunir tant pour la bonne exécution du travail que dans l'intérêt même de la vue.

Une pièce éclairée par le jour du midi ne peut être utilisée en peinture ; il faut absolument un jour venant du nord. La lumière qu'il projette est diffuse et régulière, tandis que le jour venant du midi est faux, irrégulier et variable, suivant le plus ou le moins de nuages qui voilent la lumière du soleil, ce qui le rend insupportable pour une vue sensible, et très pernicieux pour une bonne vue.

L'éclairage par le jour du nord sera donc celui préféré. Pour le portrait il faut éviter le jour venant du haut, il n'est bon que pour la peinture d'histoire, de fleurs, de paysage et de nature morte. Un portrait dont l'éclairage vient d'en haut donne des ombres portées trop fortes, l'arc sourcilier devient noir, le dessous du nez présente une ombre trop accusée que l'on appelle, en langage d'atelier, la prise de tabac. Le dessous du col présente des tons par trop vigoureux qui nuisent à l'harmonie du portrait.

L'atelier doit être tapissé ou peint d'une couleur vert cendré ou vert d'eau ; cette teinte neutre fait admirablement détacher tous les contours des objets ; elle projette sur eux des reflets d'une grande finesse qui, en se mariant ensemble, aident à les faire tourner et se détacher de la toile; de plus, cette teinte de fond a encore l'avantage de donner une grande fraîcheur aux chairs.

CHAPITRE XII

DU CHOIX DES OUTILS.

Rien dans la peinture ne doit être négligé ; indépendamment de la grande liberté d'esprit, il faut encore posséder celle du corps ; c'est-à-dire ne pas être gêné par des vêtements trop serrés, mais qu'ils soient assez amples pour permettre tous les mouvements sans contrainte ni fatigue (cette mise constitue la tenue d'atelier). Du choix minutieux des divers outils dépend aussi en grande partie la bonne exécution d'un tableau. Une brosse qui s'émousse, une palette qui coupe le pouce, un couteau qui enlève mal la couleur, sont autant de causes premières qui présentent des difficultés à vaincre, et qu'il est de toute nécessité d'éloigner de soi.

Nous allons donc, en procédant par ordre, donner ici tous les renseignements nécessaires pour la bonne acquisition de ces divers objets.

CHAPITRE XIII

Autant que possible, la palette doit se choisir de bois dur, les pores serrés l'un contre l'autre, d'un ton plutôt foncé que clair pour bien laisser voir la valeur des teintes réelles dans le mélange des nuances claires.

La légèreté dans une palette est une grande qualité qu'il faut, avant tout, rechercher. Lorsqu'elle est trop lourde, son emploi prolongé finit par fatiguer le poignet, et la douleur que l'on éprouve paralyse les idées. Les bords du trou par lequel s'introduit le pouce doivent être passés au papier de verre pour les empêcher de couper la peau. Le bois de poirier, le pommier ou le noyer, sont employés le plus ordinairement pour la confection des palettes, dont la forme est tantôt ovale, tantôt carrée.

Quand la palette est neuve, il faut la passer à l'huile de noix siccative, et renouveler l'opération jusqu'à ce qu'elle n'en absorbe plus, c'est-à-dire donner environ deux ou trois couches.

On la polit ensuite à l'aide de pierre ponce et d'huile ordinaire. La ponce s'introduit dans les pores du bois qu'elle remplit et empêche, par sa présence, la couleur de s'y fixer. Ainsi préparée, elle est propre à l'usage de la peinture.

Pour la nettoyer lorsqu'on s'en est servi, il suffit d'enlever, avec le bout du couteau, les couleurs qui y restent

et de les placer, en attendant, sur un morceau de verre (1) ;
on la frotte avec un tampon de linge, et l'on y verse
quelques gouttes d'huile. Pour la bien nettoyer, on enlève
l'excès en frottant avec un chiffon propre. S'il arrivait que
les couleurs se fussent séchées dessus, on les râclerait avec
le tranchant d'un couteau de cuisine ou un morceau de
verre. Du soin de la palette dépend la pureté des tons, par
conséquent leur fraîcheur. La propreté de cet outil est
donc un point essentiel dans l'art du peintre.

(1) S'il doit s'écouler plusieurs jours avant qu'on se remette à peindre,
il faut plonger ce morceau de verre supportant les couleurs, dans une
assiette creuse remplie d'eau, et les y laisser séjourner jusqu'à leur nouvel emploi ; de cette façon elles se conservent sans se sécher.

CHAPITRE XIV

DES GODETS ET DU COUTEAU A PALETTE.

Les godets sont de petits vases en fer-blanc qui s'attachent à la palette ; ils contiennent les huiles qui doivent servir à détremper les couleurs pour les rendre plus liquides. Il existe dans le commerce différentes formes de godets. Les uns sont simples, les autres doubles, c'est-à-dire accolés les uns aux autres. Pour nous, nous donnerons la préférence aux premiers.

Les godets simples chargent moins la palette à une même place par leur éloignement, ils évitent les méprises ; ceux que nous employons pour notre usage personnel sont de très petite dimension, de la grandeur d'un dé à coudre, ils sont garnis d'un couvercle à vis qui empêche les huiles de se répandre, lorsqu'ils sont renfermés dans la boîte.

Du couteau.

Le couteau est une lame plate, en acier fondu flexible, aminci également de chaque côté, et légèrement arrondi : sa grande flexibilité lui permet une adhérence intime avec le bois de la palette, le plus petit mouvement qu'on lui imprime, en chassant la couleur devant la lame, a aussi pour effet de la ramasser. La couleur ou la forme du manche est une affaire de pure fantaisie sur laquelle nous n'avons pas à nous arrêter.

Les couteaux en acier sont en tout préférables à ceux
en fer.

Il en existe encore d'un autre genre : ce sont ceux dont
la lame et le manche sont entièrement en corne ou en
ivoire; ils sont indispensables aux artistes consciencieux
pour la manipulation de certaines couleurs tendres, que
le contact du fer ou de l'acier fait changer. Ainsi, par
exemple, le fer mis en contact avec les jaunes de Naples,
le jaune brillant, le jaune minéral et le chrome les fait
verdir. Les laques de garance ordinaire, de garance
rose, etc., deviennent violettes par sa présence.

Il faut donc, sous peine de voir son tableau se détériorer,
remplacer, pour l'emploi de ces couleurs, le couteau d'acier
par celui d'ivoire ou de corne.

Le couteau d'ivoire devient indispensable aux peintres
de fleurs dont les tons ont besoin de toute leur richesse
et leur fraîcheur.

CHAPITRE XV

En peinture à l'huile, les pinceaux et les brosses sont de deux espèces, ils prennent leur nom suivant la nature des poils dont ils sont fabriqués. Les brosses sont composées avec des soies de porc, ou du poil de chèvre, ou de caprès. Les pinceaux, eux, sont faits de poils de blaireau ou de poils de martre. Leurs formes et leurs grosseurs sont très variées : il y en a de rondes et de plates, il est nécessaire d'en avoir un certain assortiment de chaque forme. Pour les fines lignes et filets, on se sert de brosses longues en martre ; elles prennent le nom de *lignes*.

Le blaireau (fig. 10) est une brosse plate, faite en poils de l'animal dont il porte le nom ; il est indispensable pour fondre les ciels dans le paysage, les fonds dans le portrait, ainsi que les chairs et les draperies.

La propreté des brosses est aussi utile que celle de la palette ; comme elle, lorsqu'elles sont sales, elles présentent les mêmes inconvénients.

Quand on s'en est servi, et que l'on quitte son travail pour le reprendre le lendemain, il suffit de les tremper dans l'huile d'œillette. L'huile à salade ou l'huile d'olive employée par quelques peintres a le désagrément de ne jamais sécher, par conséquent de faire changer les teintes apposées sur la toile. Ce moyen les préserve de la sécheresse et les entretient dans un état de mollesse et de souplesse convenable. Il suffit, pour s'en servir le lendemain, de les bien essuyer avec un linge pour en retirer l'huile.

Ce mode de procéder ne pourrait se renouveler trop souvent sans compromettre la propreté de la brosse ; on a donc recours au lavage au savon vert ; pour cela faire, on en enduit la brosse et on la frotte légèrement entre le pouce et l'index afin de faire bien pénétrer le savon à l'intérieur ; ensuite en la trempant dans l'eau chaude, la tournant toujours (entre les doigts), on la dégage de toute la couleur qui y était demeurée ; vous réitérez cet exercice jusqu'à ce que les poils soient redevenus souples, blancs et nets, alors vous êtes à la fin de l'opération. Il ne reste plus qu'à les rincer dans plusieurs eaux successives (il est bien entendu que l'eau ne peut être que de l'eau de pluie, les eaux de fontaines ou autres tournent le savon). Il est nécessaire de bien les débarrasser du savon, car s'il n'était complètement enlevé, il deviendrait une cause de détérioration pour la peinture et en modifierait toutes les teintes.

Une brosse, pour être bonne, doit être bien droite, de forme à peu près cylindrique, ayant les soies égales à leur extrémité et ébarbées finement. Il faut veiller à ce qu'elles ne s'écartent pas les unes des autres et fassent bien la pointe en se touchant entre elles.

Pour éviter que les mites ne mangent les poils, ce qui arrive infailliblement lorsque l'on ne s'en sert pas, il est nécessaire de mettre quelques bouts de cigares dans la boîte. L'odeur du tabac les empêche de se former.

CHAPITRE XVI

DU BLAIREAU ET DE L'APPUIE-MAIN.

Le blaireau et l'appuie-main ne sont pas des outils indispensables pour le travail de la peinture à l'huile ; mais comme nous n'avons pas à préconiser ici une manière de peindre plutôt qu'une autre, nous avons cru devoir indiquer dans la nomenclature de notre outillage ces précieux auxiliaires facilitant l'exécution de certaines parties du tableau, et assurant, comme le fait l'appuie-main, de la fermeté dans la touche et le tracé des lignes.

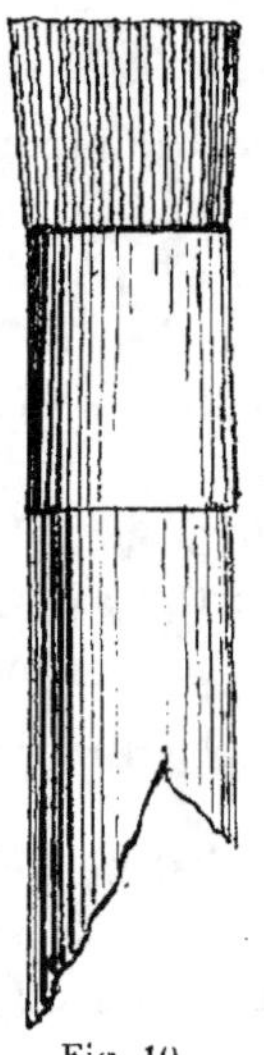

Fig. 10.

Le blaireau tel qu'il se trouve chez les marchands de couleur est souvent impropre au service que l'on exige de lui : il est trop gros, les poils trop longs, il ne laisse après son passage sur la couleur posée sur la toile qu'un aspect mou et cotonneux, désagréable à l'œil même dans les ciels. Il faut donc en faire fabriquer tout exprès de semblables à ceux dont nous donnons le modèle ci-contre (fig. 10) (grandeur naturelle).

Le poil doit être du vrai blaireau, et avoir de la souplesse et de la raideur tout à la fois : c'est ce que l'on pourrait appeler une brosse plate en blaireau.

Le maniement de cet outil se trouve facilité par la raison
même de sa dimension restreinte permettant de le promener
sur une partie plutôt que sur une autre, pour l'adoucir et la
fondre, sans rien ôter de la finesse et de la régularité de son
contour. Précieux pour les ciels et les eaux, le blaireau
rend encore d'immenses services pour imiter la légèreté de
la plume, le soyeux du poil et le ton velouté de certains
fruits ; la transparence et le fondu des verroteries et des
cristaux. Tous les marchands de couleurs se chargeront de
faire exécuter cet outil.

Appuie-main.

Le premier bâton venu, pourvu qu'il soit léger et rigide,
garni à son extrémité la plus fine d'un tampon de baudruche
ou de peau, peut servir d'appuie-main. Tenu avec les pinceaux, il sert à 'assurer la précision de la main dans les
parties régulières, fines et délicates ; il permet de poser
sans hésitation et avec franchise les touches lumineuses
qui exigent souvent autant de rectitude que de fermeté.

CHAPITRE XVII

Le chevalet est un outil sur la construction duquel personne ne s'est encore expliqué. Elle est cependant d'une grande importance sous le rapport hygiénique, et devient par la suite la cause d'accidents bien graves.

Le chevalet ordinaire tel qu'il se vend dans le commerce, c'est-à-dire le chevalet droit, présente tous ces inconvénients. L'élève est obligé, pour atteindre sa toile, de se replier sur lui-même. Cette position prolongée ne tarde pas à faire naître en lui d'atroces douleurs d'estomac, de violents malaises à la fourchette du xiphoïde, et des impatiences nerveuses dans le dos, sous le trapèze.

Nous ne saurions trop recommander aux parents de veiller au choix de cet outil qui, pour tout le monde, passe pour peu important; un travail assidu à un mauvais chevalet peut entraîner la déviation de la colonne vertébrale. Après avoir constaté tous ces effets, nous y avons apporté un remède en y ajoutant un petit instrument qui s'adapte parfaitement à tous les chevalets, et qui produit l'effet contraire, c'est-à-dire force l'artiste à se redresser et se tenir droit malgré lui. Par ce système, plus de douleurs d'estomac, plus d'impatiences nerveuses, tous ces malaises disparaissent comme par enchantement. Sur le baquet d'un chevalet ordinaire (fig. 11), vous faites rapporter une tringle de bois à rainures sur laquelle glisse un petit

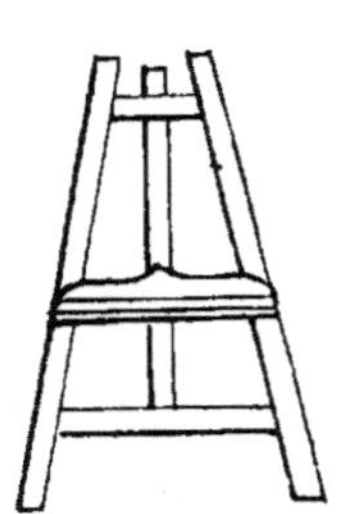

Fig. 11.

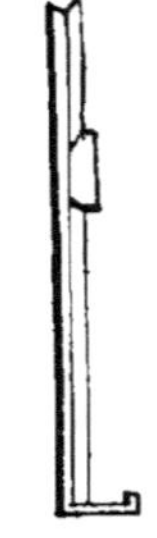

Fig. 12.

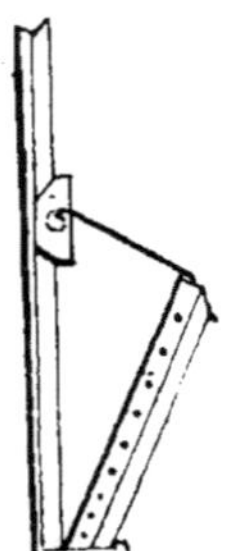

Fig. 13.

coulant de bois (fig. 12). Dans ce coulant vous introduisez

un crochet en fil de fer, qui a pour mission de tenir la toile renversée vers le peintre (fig. 13). On se trouve naturellement forcé de se redresser en arrière. D'autres avantages sont encore à considérer dans la construction de ce chevalet : c'est que la toile ainsi penchée ne reçoit jamais la poussière qui tombe dans l'appartement, et qu'elle prend d'elle-même son vernis.

Ce mode de chevalet sera d'un très grand soulagement

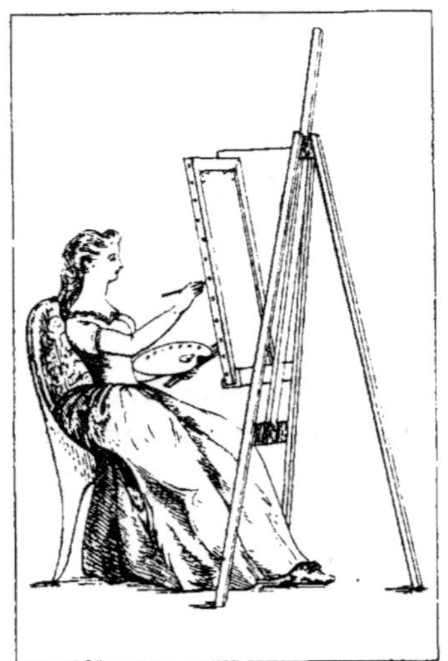

Fig. 14.

pour les peintres de profession, qui sont obligés à un travail continuel (fig. 14).

CHAPITRE XVIII

Savoir le nom de toutes les couleurs, les places qu'elles doivent occuper sur la palette, n'est pas une chose suffisante. Ce qu'il importe avant tout de connaître, c'est la manière dont elles sont fabriquées, d'où elles proviennent. L'ignorance sur ce sujet n'est pas pardonnable pour un peintre, il doit savoir par cœur la composition des produits qu'il emploie, car de leur nature dépend la solidité et la durée du tableau.

Toutes les couleurs, quels qu'en soient le nombre et la variété des teintes, se réduisent à six espèces principales, qui sont celles réfléchies par le prisme, ce sont : 1° le rouge, 2° l'orangé, 3° le jaune, 4° le vert, 5° le bleu, 6° le violet.

Trois, parmi ces six couleurs, peuvent être considérées comme fondamentales ; ce sont les couleurs jaune, rouge et bleue, qui, par leur combinaison deux à deux, produisent l'orangé, le vert et le violet, tels que nous l'indique le spectre solaire.

C'est avec ces six couleurs et à l'aide de combinaisons que nous arrivons à l'infinité de teintes qui concourent à l'exécution d'un tableau.

Le blanc n'est autre chose que la réflexion de la lumière sur un corps coloré : c'est donc une couleur factice, une teinte conventionnelle employée pour augmenter l'intensité lumineuse des couleurs avec lesquelles on le mêle.

Les noirs, eux, prennent leur formation dans une modification très forte subie par la lumière qu'ils absorbent, sans produire aucune action colorifique.

Les blancs servent de base à presque toutes les couleurs, tant pour en augmenter l'éclat que pour leur donner du corps.

Trois espèces de blanc sont employées pour la peinture à l'huile, sur toile.

Ce sont : le blanc d'argent, le blanc de plomb et le blanc de zinc.

Le blanc d'argent, à la fabrication duquel ce métal est complètement étranger, n'est autre chose qu'un sous-carbonate de plomb, préparé avec grand soin et avec les mêmes procédés que pour la céruse ou carbonate de plomb. Ce sont les Autrichiens qui produisent les blancs les plus beaux, et qui sont vendus sous le nom de blanc d'argent. Leur procédé consiste à n'employer que du plomb parfaitement exempt de fer.

Le blanc de plomb s'obtient en mettant des lames de ce métal dans un vase au fond duquel on a versé quelques doigts de fort vinaigre.

On lute le vase et on le pose sur un feu modéré. Le plomb se convertit en écailles blanches ; il est alors broyé, lavé et mis en trochisque.

Le blanc de zinc est le résultat de la combinaison du zinc avec l'oxygène. Il donne une poudre blanche et sans saveur.

Les ocres jaunes, de Rue, les terres de Sienne et d'Italie sont des produits naturels. Ce sont des terres lavées avec soin, mais ne subissant aucune préparation.

Le jaune de Naples est une crasse qui s'amasse autour des mines de soufre qu'on dit provenir du mont Vésuve. C'est le plus beau jaune, il se broie sur un marbre et se ramasse avec un couteau en corne ou ivoire.

Le jaune minéral s'obtient en formant un mastic de mine orange anglais et de sel ammoniac délayé avec un peu d'eau. On met le tout dans une capsule, que l'on introduit dans un fourneau à réverbère ; une fois l'eau et l'ammoniac évaporés, la couleur est obtenue.

Le jaune de chrome est une découverte du fameux chimiste Vauquelin, en 1797.

Il se compose d'une partie de chrome (1) pulvérisé dans un mortier de fonte, et d'une partie de sel de nitre ; le tout est mis dans un creuset, après calcination et lavage répété, on verse cette dissolution dans une eau saturée de sel de saturne, on fait évaporer. On convertit le résidu en trochisque.

Le jaune d'antimoine s'obtient du métal de ce nom, il sert à former les jaunes brillants, il s'obtient en prenant une partie d'antimoine, une et demie de blanc de plomb, et une de sel ammoniac. On les mélange à sec. On les verse dans un creuset, le feu décompose et sublime le sel ammoniac. On lave, puis on fait sécher.

Les stils de grains jaunes sont des couleurs peu solides, s'altérant fort vite à la lumière; ils proviennent d'une substance connue sous le nom de graine d'Avignon. Elle vient d'un arbrisseau nommé petit noirprun.

Le jaune indien est extrait d'une graine de l'Inde nommée Ahoua; c'est l'Angleterre qui nous fournit cette couleur; elle couvre peu et sèche assez difficilement.

Les terres de Sienne et d'Italie brûlées ainsi que *les ocres rouges* sont produites par la calcination des ocres naturelles ; leur couleur dépend de leur degré de calcination, elles sont ensuite soumises à un lavage à grande eau pour enlever l'acide qui pourrait y rester.

(1) Extrait des mines de chrome dans le département du Var, c'est un minerai blanc. Il y en a aussi en Amérique.

Le carmin provient d'une substance végétale et se nomme alors carmin de garance.

Ce produit croit dans les départements méridionaux de la France. D'autres fois il est extrait d'une matière animale qui est la cochenille. Le principe colorant de ces matières est séparé au moyen de l'alun.

Les laques ne sont formées que d'une substance terreuse, qui est l'alun, que l'on unit à un principe colorant, tel que la cochenille ou la garance; elles prennent alors le nom de laques carminées, de garance, ou de laques fines.

Le bleu d'outremer provient d'une pierre nommée Lapis-Lazuli; elle se trouve en Perse et en Chine. Après l'avoir fait rougir plusieurs fois à un feu vif, on la précipite dans l'eau froide pour faciliter sa désagrégation, puis elle est broyée à l'eau et mise en trochisque.

Le bleu de cobalt s'extrait des mines de cobalt, qui existent en Suède et en Espagne.

C'est une couleur minérale que l'on grille pour en chasser l'arsenic qu'elle contient, et qui s'évapore sous la forme de fumée blanchâtre. On la fait dissoudre dans l'acide nitrique étendu de 5 à 6 parties d'eau, puis évaporer jusqu'à siccité; on redissout à nouveau dans une quantité d'eau suffisante; on filtre et on ajoute une dissolution de phosphate de soude, jusqu'à ce que l'oxyde de cobalt soit séparé de la liqueur qui le tenait en dissolution. On lave plusieurs fois et on le précipite avec de l'alumine réduite en gelée. On met dans un creuset et on chauffe au rouge cerise, jusqu'à ce que la couleur soit entièrement développée.

Le bleu de Prusse est d'une fabrication fort longue; il s'obtient par une série de lavages répétés qui ne durent pas moins de vingt à vingt-cinq jours.

Il se compose d'un mélange de potasse et de charbon animal calciné, que l'on dissout dans l'eau. Après filtration on y ajoute une certaine quantité d'alun et de sulfate de fer, il se forme alors un précipité obscur qui devient très foncé par les lavages réitérés. Le précipité passe du brun verdâtre au bleu très foncé, par toute une série de tons successifs. Le bleu entièrement formé est recueilli, puis égoutté sur une toile ; il est alors terminé.

Le bleu minéral est la même chose que le bleu de Prusse, seulement il contient plus d'alun ; il s'obtient par les mêmes procédés.

Le cinabre et le vermillon proviennent des mines de mercure, mais le commerce en fabrique aussi un avec du soufre et du mercure que l'on fait fondre ensemble ; on introduit le tout dans une cornue, on fait chauffer jusqu'au rouge. Le cinabre se sublime et s'attache en aiguilles violettes au col de la cornue ; lorsqu'il est broyé et mis en poudre, il prend le nom de vermillon.

Le vert de Scheele est une combinaison de l'arsenic et du cuivre, du nom de son inventeur.

Le vert de vessie se fait avec le jus d'un fruit qui provient d'un arbrisseau nommé *bourgépine.*

La terre verte est, comme l'indique ce nom, le produit d'une terre venant d'Italie.

Le brun Van Dyck s'obtient par la calcination du rouge d'Angleterre ; c'est un brun violet.

La terre d'ombre est un produit naturel, tendre et friable ; elle s'emploie sans préparation.

La terre de Cologne est naturelle, provenant d'une terre ocreuse et de débris de végétaux résineux.

La terre de Cassel est un produit de la nature des bitumes, avec lesquels il a une grande analogie.

Le bitume est un produit naturel qui se trouve sur les bords du lac de Judée ; il se trouve aussi en grande abondance en Farnce.

On le dissout dans l'essence de térébenthine sur un feu doux. Il s'incorpore ensuite à l'huile d'œillette et à l'huile grasse.

Le noir d'ivoire est produit par la calcination de l'ivoire dans un creuset hermétiquement fermé.

Le noir de pêche s'obtient de la même manière en mettant dans le creuset des noyaux de pêche pilés et broyés.

Le noir de vigne est le produit de la combustion de sarments de vigne; il est d'une grande finesse.

CHAPITRE XIX

DISPOSITION DES COULEURS SUR LA PALETTE.

Maintenant que nous connaissons parfaitement la fabrication des principales couleurs, que nous avons appris à connaître les diverses matières qui entrent dans leur composition, il ne nous reste plus qu'à les disposer sur la

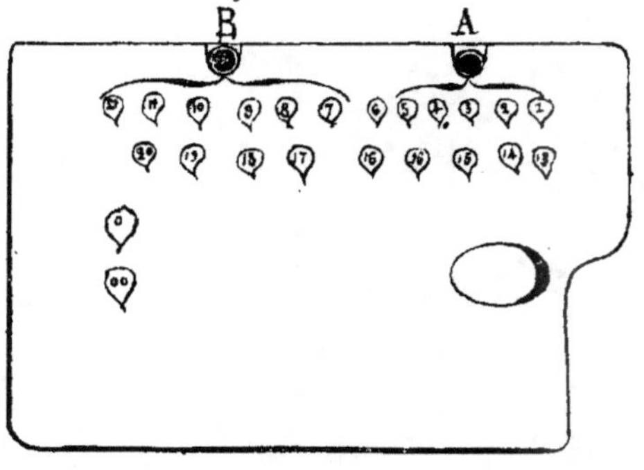

Fig. 15.

palette d'une manière méthodique, simple et facile à reconnaître.

Chaque peintre a une façon pour composer sa palette ; elle lui est personnelle.

Voici celle dont nous nous servons, et qui, jusqu'ici, nous a paru d'une grande simplicité.

Nous plaçons nos couleurs, en commençant par la droite et en nous étendant vers la gauche. Notre godet à l'huile blanche se trouve donc le premier près du pouce, celui à l'huile grasse vient ensuite un peu plus loin.

Les six premières couleurs de la première ligne (fig. 15) s'emploient avec l'huile blanche, elles se placent par conséquent vis-à-vis du godet A, ce sont :

1° Blanc d'argent :

2° Jaune de Naples ;

3° Ocre jaune ;

4° Ocre de Rue ;

5° Brun rouge ;

6° Vermillon.

Les six autres s'emploient à l'huile grasse ; elles se placent vis-à-vis du second godet B.

Ce sont les suivantes :

7° La laque fine ;

8° Sienne naturelle ;

9° Sienne brûlée ;

10° Bitume ;

11° Bleu de Prusse ;

12° Noir d'ivoire.

Ces douze couleurs sont celles qui servent à former la plus grande partie des tons. Sur la seconde rangée se placent les couleurs accidentelles et au-dessous des godets contenant les huiles avec lesquelles on les emploie. Voici leurs noms :

Pour l'huile blanche :

13° Le jaune brillant ;

14° Le jaune indien ;

15° Le jaune de chrome ;

16° Bleu de cobalt ;

17° Vert Véronèse.

Pour l'huile grasse :

18° La laque de garance ;

19° Terre d'ombre ;

20° Terre de Cologne ;

22° Noir de pêche ;

22° Noir de vigne ou de bougie.

Les n^{os} zéro et double zéro représentent le bitume préparé à l'huile grasse et la laque. Ces deux couleurs se mélangeant aux autres sont préparées à l'avance à l'huile grasse.

Le nombre des couleurs varie à l'infini. La liste que nous donnons ici est plus que suffisante pour obtenir tous les effets qui se présentent à copier dans la nature.

CHAPITRE XX

Deux sortes d'huiles sont employées pour délayer les couleurs.

La première, l'huile d'œillette, provient du pavot noir moulu. C'est celle qui s'emploie de préférence pour la peinture à l'huile; elle sert à délayer les couleurs (1) et par conséquent à les rendre plus claires et plus faciles à étendre sur la toile. Pour la rendre limpide et blanche, il n'y a qu'à la mettre dans une bouteille hermétiquement fermée et l'exposer quelques mois à l'ardeur des rayons du soleil, elle se colore entièrement et devient aussi blanche que le cristal le plus pur. C'est aussi cette huile qui doit servir pour le nettoyage des brosses.

L'huile grasse est une huile rendue siccative par l'addition de substances étrangères; elle s'emploie spécialement pour les couleurs animales et végétales, telles que les laques, les bitumes, les momies, etc...

Elle est un composé de litharge, de céruse calcinée, de terre d'ombre et de talc. On fait bouillir le tout pendant deux heures, en remuant souvent. On laisse reposer, et la partie décantée donne une huile qui devient excellente en vieillissant. Parmi les siccatifs employés pour la peinture à

(1) Quelques peintres se servent de l'huile provenant du lavage de brosses pour détremper leur couleur. Ce mode est défectueux par lui-même. Un peintre consciencieux doit s'en abstenir.

l'huile, il faut ranger le siccatif de Coutray et le siccatif de Harlem, qui ont pris les noms de leurs inventeurs. Le premier est d'une coloration noire très prononcée, il ne peut être employé que pour des teintes très foncées ; l'autre, légèrement ombré, s'emploie pour des teintes plus claires. Quelques peintres ont l'habitude de passer entièrement leurs tableaux au siccatif de Harlem pour éviter les embus. Ce mode de procéder est blâmable et pernicieux, il donne au tableau un ton roussâtre, qui ne fait que s'accroître en vieillissant. Pour les portraits, il donne aux chairs un ton de cuir qui, en altérant leur fraîcheur, les rend très défectueuses.

C'est donc un agent dont il ne faut user qu'avec réserve.

CHAPITRE XXI

Les tissus employés pour la fabrication des toiles diffè-
rent les uns des autres en ce qu'ils présentent, tantôt une
surface unie et lisse, d'autres fois un grain relevé gros
et régulier, ou bien encore l'apparence d'un grossier torchon.

Nous laisserons à chaque artiste le soin de choisir sa
toile : pour nous, nous préférons de beaucoup les toiles
fines et lisses, en ce qu'elles permettent d'obtenir une peinture unie et d'une égale épaisseur. La poussière a bien
moins d'accès sur une toile lisse ; si par hasard elle devient
sale, la crasse se trouve à la surface, et s'enlève plus facilement que sur les peintures faites par épaisseur et sur des
toiles à grains, dans lesquelles, par son extrême finesse,
elle a pénétré trop profondément.

Ceci dit, passons à la manière de préparer la toile.

Coupez votre morceau de toile de quelques centimètres
plus grand que votre châssis ; fixez-la sur l'épaisseur du
châssis en la rabattant dessus et la maintenant, au moyen
de petits clous que l'on nomme semence ou clous à ta-
pisser ; espacez-les d'environ l'épaisseur des trois ou quatre
doigts. La toile ainsi préparée, on l'enduit d'une couche de
colle de peau de gants, à l'aide d'un grand couteau de
bois. Le surplus en est retiré : le but de cette préparation
est de rabattre tous les nœuds, tous les petits fils qui dépas-

sent dans le tissu; elle en bouche ainsi les pores, et empêche, par sa présence, la couche de couleur dont on vient de
la couvrir, de traverser. On laisse sécher à l'air libre, puis
on passe à l'opération du ponçage, dont le but est d'enlever toutes les aspérités qui peuvent y exister. Enduisez
alors votre toile (avec un couteau en bois destiné *ad hoc*)
d'une couche de céruse détrempée à l'huile. L'excédent de
la couleur est retiré; on laisse sécher la toile, que l'on repasse de nouveau à la pierre ponce. La présence de la
colle et de l'huile est indispensable pour obtenir une toile
d'une fixité invariable. La colle se relâchant à l'humidité,
l'huile de son côté se resserrant, tient le tout en équilibre.
Si la toile est à la sécheresse, la colle tend; si elle est à l'humidité, l'huile se tend.

Il est de toute importance, pour la solidité de la peinture, que la colle dont on enduit le tissu soit assez forte
pour ne point pénétrer au travers.

Les vieilles toiles sont préférables à celles nouvellement
préparées : car cette préparation n'étant pas assez sèche
ferait corps avec la peinture que l'on y exécuterait, et au
bout de quelques mois, donnerait au tableau des tons gris,
fades et ternes. L'emploi des toiles rouges doit être proscrit, ainsi que celui des toiles grises : elles ont l'inconvénient de faire changer les teintes de l'ébauche, et d'appau-
vrir le tableau par l'uniformité de teintes qu'elles engen-
drent. Nous en avons un exemple frappant dans les magni-
fiques toiles de Lebrun exécutées sur fond rouge.

Il ne faut jamais dessiner sur une toile, ou sur un papier,
avant de l'avoir passé à la pierre ponce, sans cela les couleurs perleraient en les appliquant. Si cependant on avait
oublié cette précaution, et que le dessin fût très compliqué,
pour s'éviter la peine de recommencer entièrement son
tracé, il suffirait de couper un oignon en deux, et d'en

frotter entièrement toute la toile. La couleur que l'on y appliquerait de nouveau cesserait de se retirer.

La même opération se fait lorsqu'on a à peindre des filets, de l'écriture ou de la musique, sur une teinte quelconque déjà posée, et que la nouvelle couleur se retire, perle et refuse d'y adhérer.

Les ébauches trop vieilles, dont la surface est légèrement grasse, sont aussi traitées par ce même procédé.

Le papier à peindre est préparé avec une couche d'huile de lin, à laquelle on ajoute un peu de blanc de céruse ; il se trouve tout confectionné chez les marchands de couleurs.

CHAPITRE XXII

Il y a plusieurs espèces de crayons pour dessiner ou faire l'esquisse sur la toile : les uns emploient la craie, d'autres le fusain, le crayon mine de plomb, ou bien encore la sanguine.

Quelques peintres dessinent même au pinceau avec une composition de noir spécial. Pour nous, nous préférons et conseillons fort d'employer la craie, de préférence aux autres substances.

Dès que le dessin est bien arrêté dans toutes ses formes, on repasse au crayon de mine de plomb le plus dur possible, et marquant à peine le trait sur la toile. Les dessins fortement accusés, soit au fusain ou à la sanguine, ont le grave inconvénient de se détremper par la présence de l'huile, et de venir salir d'une teinte rosée ou noire les parties claires du tableau ; de plus, la ligne reparaît toujours dans les parties claires peu couvertes de peinture, telles que les montagnes, les ciels, etc., il faut donc repousser ces moyens comme pernicieux.

Quant au procédé qui consiste à entourer le dessin d'un trait large et vigoureux au pinceau, il a l'inconvénient de reparaître quelques années plus tard, et d'amoindrir par sa présence la valeur du tableau. Ce mode de procéder n'est pas praticable pour dessiner les fleurs, qui ont besoin de fraîcheur et d'éclat. Un excellent maître pour corriger soi-même son dessin, et voir si les lignes sont bien d'aplomb, si une figure ne grimace point, ou si une maison ne renverse pas, consiste dans l'emploi d'une petite glace à main, dans laquelle on regarde son dessin ; si quelque chose y est louche, la glace impartiale, en retournant votre travail, vous l'indiquera de suite.

On fait partir le blanc de la craie en époussetant avec un linge, de manière qu'il ne reste plus qu'un trait presque imperceptible, qui, en vous renseignant suffisamment, ne porte aucun préjudice à la peinture.

CHAPITRE XXIII

DES GLACIS.

Ce que l'on nomme glacis en peinture n'est autre chose qu'une couche translucide, dans laquelle l'huile joue un plus grand rôle que la peinture elle-même.

Les blancs, les terres, et en général toutes les couleurs opaques, sont mises de côté, et ne peuvent être employées pour les glacis. On se sert de préférence de couleurs transparentes par elles-mêmes, telles que les laques, les garances, les stils de grains, les jaunes indiens, les orangés de mars, les bleus de cobalt, et par-dessus tout le bitume, qui est indispensable pour glacer les eaux, les terrains humides, etc...

Ces couleurs, par leur apposition sur les autres teintes, leur communiquent un aspect brillant et des reflets chatoyants. Dans le paysage, c'est surtout pour représenter les effets éclatants et chauds du soleil, que l'on se sert de glacis; avec leur secours, les nuages, les fabriques, les eaux, les feuilles des arbres, etc., s'illuminent comme par enchantement (1).

Les eaux exigent pour leur transparence une infinité de glacis successifs. Du reste, pour se convaincre de leur puissant effet, on n'a qu'à étudier les peintures de l'école hol-

---

(1) La fumée des cheminées ou des substances chaudes s'obtient généralement par un frottis à sec de bleu cobalt et de blanc, sur la peinture entièrement sèche et terminée.

landaise qui, en ce genre, sont un exemple frappant.

Le glacis n'est autre chose que l'air répandu dans le tableau. Le point essentiel dans l'emploi des glacis réside tout entier dans la parcimonie et l'art avec lequel on les distribue, les augmentant ou les affaiblissant successivement, suivant que les plans se rapprochent ou s'éloignent de nous.

Le glacis n'est donc autre chose que l'harmonie ou la fusion des différents plans, et pour nous exprimer plus clairement, le trait d'union reliant entre eux les plans respectifs d'un tableau.

Ce serait une faute grave de peindre les dentelles, les gazes, les étoffes légères, les verreries, etc., et en général tous les corps transparents, par le moyen de glacis. Ces objets et cette transparence doivent se peindre dans l'empâtement même; là seulement réside le côté véritablement artistique, la bonne et solide manière, celle qui donne le brillant, l'éclat et la finesse des teintes.

La vue de quelques tableaux de peintres anciens qui ont procédé par glacis pour les objets que nous indiquons ci-dessus suffit pour tenir les amateurs sur leur garde. Ici, c'est un verre se détachant sur un fond noir dont le haut est entièrement disparu; plus loin, une dentelle, dont le vêtement foncé a absorbé tous les détails ; dans un autre, c'est la draperie transparente qui est entièrement enlevée, absorbée qu'elle a été par la teinte du dessous qui a remonté.

En même temps qu'un manque de conscience de la part du peintre, cette négligence est la cause de la perte de son œuvre.

CHAPITRE XXIV

Les vernis s'emploient pour faire revivre les peintures et leur enlever l'embus, qu'une retouche par trop précipitée y a occasionné. Pour ne pas avoir d'embus en peignant, il ne faut jamais retoucher une partie ou repeindre sur une ébauche, sans qu'il se soit écoulé un intervalle de huit jours au moins, laps de temps pendant lequel la superficie de la peinture a pu se durcir, et empêcher l'huile de la seconde couche ou empâtement de pénétrer dans la première, et par là même, de causer des embus. Il ne faut jamais vernir un tableau avant six mois, car il n'est jamais entiè-rement sec avant ce temps. Si l'on vernissait trop tôt, le vernis ferait corps avec la couleur, il finirait aussi par se fendiller et faire craqueler la peinture en l'entrainant avec lui.

Lorsqu'un tableau verni reste exposé quelque temps au soleil, en même temps qu'il perd l'éclat et la force de ses couleurs, son vernis se fendille en mille petites crevasses. Si le soleil est trop fort, et qu'il donne trop longtemps sur une peinture fraîche, il fait bouillonner et boursoufler la couleur, qui se racornit en certains endroits.

Quand on est pressé de jouir d'un tableau, ou qu'on veut l'envoyer à une exposition, on enlève les embus, en lui ap-posant une couche du vernis factice ci-contre.

Mettez dans un flacon :

Gomme arabique blanche.............	312 grammes.
Sucre de candi blanc...............	156 —
Eau distillée......................	435 —.

Le tout bien fondu, faites dissoudre :

Coloquinte n° 1 (1)..................	1 tête.
Dans l'alcool à 22°..................	437 grammes.

Une fois dissous, ajoutez ces deux liquides ensemble. Ce vernis est bon à employer.

Pour l'enlever, il suffit de passer une éponge imbibée d'eau tiède, il se retire parfaitement, et donne la facilité de retoucher le tableau.

(1) Plante rampante du genre des concombres, qui existe dans les îles de l'Archipel.

Soluble dans l'alcool et non dans l'eau, son principe est amer.

CHAPITRE XXV

CONSEILS PRATIQUES POUR ALLER PEINDRE SUR NATURE.

Il est impossible de donner aucun conseil sur la manière
de peindre ; seulement, il suffit de savoir qu'il ne faut jamais étendre la couleur, soit en long ou en travers, il faut
procéder par petites touches juxtaposées les unes à côté
des autres ; c'est ce que nous appelons pocher ; il faut modeler chaque objet dans le sens qui lui est propre, et qui,
en s'harmonisant avec sa forme, aide à le faire ressortir.
La manière de peindre, ainsi que le sentiment des couleurs,
est inné en l'homme. Le professeur ne peut que diriger et
conduire l'élève, il ne lui est pas donné de lui inculquer
telle ou telle manière. Il développe seulement le sentiment
de la couleur chez celui qui le possède, mais il ne peut le
faire éclore là où il ne sera jamais.

Un tableau, quel qu'il soit, portrait ou paysage, ne doit
jamais être achevé sans son cadre. La plus belle toile perd
quelquefois considérablement lorsqu'elle est présentée dans
un cadre ; par contre, il arrive aussi qu'une mauvaise peinture, trop sèche et trop heurtée, prend de l'harmonie suivant tel ou tel cadre. Pour obvier à cet inconvénient, il faut
toujours terminer le tableau dans le cadre. Ceci dit, nous
arrivons aux précautions à prendre pour aller travailler
sur nature.

Le choix du paysage est la première chose, il faut l'avoir
examiné la veille, à différentes heures du jour, pour savoir

à quel moment il est le mieux éclairé, et produit son effet
le plus pratique et le plus pittoresque en même temps. Une
fois bien fixé sur l'heure, on n'a plus, le lendemain, qu'à
se rendre à l'endroit choisi ; il faut s'y trouver au moins
une demi-heure ou trois quarts d'heure à l'avance, pour
bien avoir le temps de disposer tout son petit matériel, car
le corps, ébranlé quelquefois par une marche longue et
pénible, se repose de ses premières fatigues, ce qui permet
à l'artiste d'opérer avec plus de calme et de sécurité. On
évite aussi par là les refroidissements trop prompts qui
sont souvent la cause de grands accidents, car l'attention
soutenue qu'exige le travail empêche de s'apercevoir que
ce refroidissement s'opère en vous.

Avant de se mettre en route, on a eu la précaution de
faire une ébauche unie du ciel, et d'indiquer par une légère
teinte générale toute l'étendue du terrain.

Cette première préparation, en abrégeant le temps, facilite
beaucoup l'opération. En attendant que l'heure propice à
l'effet du paysage soit arrivée, on commence par s'assurer
des places qu'occupera chaque objet, de décrire leurs plans
respectifs, puis on arrête les contours à l'aide de la craie.

Le moment venu, on s'empresse d'indiquer par des tons
vigoureux, contenant du bitume et de la laque, les ombres
et ombres portées. Ceci fait, on place les lumières, il ne
reste plus qu'à disposer des demi-teintes, ce sont celles qui
durent le plus longtemps, et que l'on retrouve le plus facilement. Si la séance n'a pas suffi pour prendre le tout, il
faut retourner le lendemain ; l'effet se produit quelques
minutes plus tôt ou plus tard, suivant la hauteur du soleil.

Les plus jolis paysages sont pris au mois de septembre,
à l'époque où le feuillage des arbres est dans toute sa
splendeur de tons, et sa plus grande richesse de couleur.

C'est généralement vers 6 ou 7 heures du soir que se

présentent les plus beaux couchers du soleil, et vers 4 à 5 heures du matin les fraîches et humides matinées.

Les effets de printemps sont d'une très grande difficulté à bien peindre, vu la finesse excessive des tons verts ; il faut un peintre habile, et bien expérimenté, pour rendre avec justesse toute cette série de gammes harmonieuses par lesquelles passent tous les tons verts qui composent une vue de printemps ; à l'habileté de la touche, il faut joindre la justesse de la couleur, éviter de tomber dans des tons aigres et criards. Nous conseillons donc aux élèves de choisir des effets d'automne, comme présentant pour eux moins de difficultés.

Avant de terminer, posons comme règle générale, qu'une bonne peinture dépend des dessous, c'est-à-dire de son ébauche, qui influe toujours sur son aspect général ; et que le tableau qui a été ébauché d'un ton rouge est, et présentera toujours un ton rouge qui ne fait que s'accroître en vieillissant, que celui ébauché d'un ton vert devient vert par la suite, et celui peint en gris est et demeure toujours gris. Il est donc nécessaire, de toute rigueur même, que l'ébauche se fasse dans les mêmes tons que ceux présentés par la nature, et que le tableau soit continué et terminé dans ces mêmes tons.

Il ne faut pas oublier, lorsque l'on va dessiner sur nature, de se munir d'un flacon contenant de l'alcali, en prévision des piqûres de mouche qui peuvent survenir et faire enfler la partie atteinte. Sans cette utile précaution on serait exposé à de cruelles ampoules et quelquefois même des désordres très grands dans l'organisme.

CHAPITRE XXVI

Laissons, dans ce chapitre, parler une voix plus autorisée que la nôtre en pareille matière : celle de Mme Vigée le Brun (1), dont nous venons de citer le nom, que tout le monde artistique connaît par ses œuvres, et qui l'a fait ici d'une manière si claire, si précise, et en même temps si savante, que ses prescriptions n'ont besoin d'aucun commentaire.

Ce qu'on doit observer avant de commencer un portrait.

Il faut toujours être prêt une demi-heure avant que le modèle arrive, afin de se recueillir : c'est une chose nécessaire pour plusieurs raisons.

1° Il ne faut pas se faire attendre ; 2° il faut que la palette soit préparée ; 3° faire en sorte de ne pas être tracassé par du monde et des détails d'affaires.

RÈGLE NÉCESSAIRE. — Il faut placer son modèle assis, plus haut que soi ; il faut que les femmes soient commodément ; qu'elles aient de quoi s'appuyer, et un tabouret sous les pieds.

Il faut, le plus possible, s'éloigner de son modèle ; c'est le vrai moyen de bien saisir le juste ensemble des traits et

(1) Née en 1755, morte en 1842.

l'aplomb des lignes, tant pour la tournure du corps que pour ses habitudes qu'il est nécessaire d'observer, même pour la ressemblance totale; ne reconnaît-on pas les personnes par derrière, même sans apercevoir leur visage?

Pour faire le portrait d'un homme, surtout s'il est jeune, il faut le faire tenir un instant debout, avant de commencer, pour tracer plus justes les signes généraux et extérieurs. Si on traçait le personnage assis, le corps n'aurait pas d'élégance, et la tête paraîtrait trop rapprochée des épaules. Pour les hommes surtout, cette observation est nécessaire, les voyant plus souvent debout qu'assis.

Il faut ne pas placer la tête trop haut dans la toile, cela grandit trop le modèle, et trop bas cela le rapetisse : on doit placer la figure de manière qu'il y ait plus d'espace du côté où est tourné le corps.

Il faut avoir derrière soi une glace, placée de manière à apercevoir son modèle et son portrait, pour pouvoir le consulter très souvent; c'est le meilleur guide, il explique nettement les défauts.

Avant de commencer, causez avec votre modèle ; essayez plusieurs attitudes, et choisissez non seulement la plus agréable, mais celle qui convient à son âge et à son caractère, ce qui peut ajouter à la ressemblance; faites de même pour sa tête : placez-la de face ou de trois quarts, cela ajoute plus ou moins à la vérité des traits, surtout pour le public; le miroir peut aussi décider à ce sujet.

Il faut tâcher de faire la tête, le masque surtout, dans trois ou quatre séances d'une heure et demie chaque, deux heures au plus; car le modèle s'ennuie, s'impatiente, ce qu'il faut éviter, car son visage change visiblement : c'est pourquoi il faut le faire reposer, et le distraire le plus possible. Tout cela est d'expérience avec les femmes, il faut les flatter, leur dire qu'elles sont belles, qu'elles ont le teint frais, etc., etc. Cela les met en belle humeur, et les fait tenir avec plus de plaisir.

Le contraire les changerait visiblement. Il faut aussi leur dire qu'elles posent à merveille ; elles se trouvent engagées par là à se bien tenir. Il faut bien leur recommander de ne point amener de société, car toutes veulent donner leur avis, et font tout gâter. Quant aux artistes et aux gens de goût, on peut les consulter. Ne vous rebutez pas si quelques personnes ne trouvent aucune ressemblance à vos portraits ; il y a un grand nombre de gens qui ne savent point voir.

Tant que vous travaillez à la tête d'une femme, si elle est vêtue de blanc, mettez sur elle une draperie de couleur absente, c'est-à-dire grise ou verdâtre, afin de ne pas distraire les rayons visuels, et qu'ils puissent se reposer seulement sur la tête du modèle ; si cependant vous la peignez en blanc, laissez-en un peu pour la tête, qui doit être reflétée.

Que le fond, derrière le modèle, soit en général d'un ton doux et uni, ni trop clair, ni trop foncé ; si c'est un fond de ciel, c'est autre chose : mettez du bleuâtre derrière la tête.

Pour peindre la tête au pastel ou à l'huile, il faut établir les masses de vigueur, les demi-teintes, ensuite les clairs. Il faut empâter les lumières et les rendre toujours dorées ; entre les lumières et les demi-teintes, il y a un ton mixte qu'il ne faut pas omettre : il participe du violâtre, du verdâtre, du bleuâtre (voyez Van Dyck). Les demi-teintes doivent être de ton rompu et moins empâtées que les lumières ; que la lumière de la tête indique fortement ses os et ses parties musculeuses qui cèdent aux premières.

Immédiatement après cette première lumière, se trouve le ton de chair décidé selon le teint de la personne ; il se perd avec les tons mixtes et fugaces des demi-teintes.

Les ombres doivent être vigoureuses et transparentes à la fois, c'est-à-dire point empâtées, mais d'un ton mûr, accompagné de touches fermes et sanguines dans les cavités, telles que l'orbite de l'œil, l'enfoncement des narines, et dans les parties ombrées et internes de l'oreille, etc.

Les couleurs des joues, si elles sont naturelles, doivent tenir de la pêche dans la partie fuyante, et de la rosée dorée dans la saillante, et se perdre insensiblement avec les lumières occasionnées par la saillie des os et qui sont d'un ton doré. Où les lumières doivent toujours être, et se dégrader insensiblement, c'est à l'os du front, à celui de la joue autour du nez, au haut de la lèvre supérieure, dans le coin de la lèvre inférieure, et sur le haut du menton. Il faut observer que la lumière doit diminuer à mesure, et que la partie la plus saillante, et la plus éclairée par conséquent, doit toujours être lumineuse. Les lumières scintillantes, fines et générales d'une tête sont dans la prunelle, ou dans le blanc de l'œil selon la position de l'œil et de la tête ; ces deux lumières cèdent aux autres de beaucoup, et sont d'un ton moins doré, au milieu de la paupière supérieure, au milieu de la paupière inférieure, ou du moins sur une partie, c'est selon comme la tête est éclairée ; ensuite sur le milieu du nez, sur le cartilage, sur la lèvre inférieure ; plus le nez de la personne est fin, plus la lumière doit être fine. Il ne faut jamais empâter les prunelles, pour qu'elles soient vraies et transparentes ; il faut, le plus possible, les bien détailler, prendre garde de leur faire un regard équivoque, et surtout les faire rondes. Il faut observer que quelques personnes les ont plus petites ou plus grandes, mais toujours parfaitement rondes ; le haut du cercle de la prunelle est toujours intercepté par la paupière supérieure ; mais à l'œil en colère, la prunelle se voit entièrement.

Quand l'œil sourit, la prunelle est interceptée par la pau-

pière inférieure qui la recouvre. Le blanc de l'œil doit être
d'un ton vierge et pur dans l'ombre, et la demi-teinte,
quoique perdant son vrai ton de même que tous les objets,
ne doit jamais être grise ni d'un ton sale.

L'œil doit refléter quelquefois la lumière du nez, et parti-
ciper un peu de l'orifice. Les cils, dans la partie ombrée, se
détachent en clair, c'est pourquoi il faut peindre ces tons
avec de l'outre-mer, dans la partie claire en ombre. L'orbite
de l'œil est bien à observer : il est plus ou moins vigoureux
ou plus ou moins clair, selon sa forme. Il est composé
d'ombres, de clairs, de demi-teintes et de reflets du nez.
Le sourcil doit être préparé d'un ton chaud, et l'on doit
sentir la chair sous les petites échappées de poils, qui
doivent être faits finement et avec légèreté.

Le battu, l'enchâssement de l'œil est toujours d'un ton fin
(plus ou moins, selon la délicatesse et la blancheur de la
peau), bleuâtre, violâtre. Il faut bien prendre garde
de trop pousser ces tons, cela rendrait l'œil pleureur. C'est
pourquoi il faut quelquefois les rompre par des dorés,
mais avec ménagement.

Il faut bien observer la partie du front ; elle est nécessaire
à la ressemblance, et donne en partie le caractère de la
physionomie. Pour les fronts dont l'os a une saillie carrée,
tels que ceux de Raphaël, Rubens, et Van Dyck, comme on
peut le voir dans leurs portraits, la lumière s'indique fortement sur leurs saillies. La première est en haut du front,
peu de distance après les cheveux.

Elle s'interrompt un peu et vient s'asseoir près du sourcil,
ce qui fait céder le ton de la tempe, où se décrit souvent la
veine bleue, surtout aux peaux délicates. Après cette lumière est un ton de chair entier, qui se dégrade vers le
milieu ; la lumière se rappelle faiblement sur cette même
forme d'os du petit côté, par une demi-teinte, et se marie

doucement par des demi-teintes qui vont gagner l'ombre qui dessine encore cette même force de l'os frontal.

Après cette ombre, il existe un reflet plus ou moins doré, selon la couleur des cheveux ; dessous le sourcil, le ton se prépare un peu plus chaud ; les poils du sourcil multipliés font le même effet que des boucles de cheveux qui retomberaient sur un front éclairé. L'ombre en est chaude..

Voyez les têtes de Greuze, et observez bien l'habitude des cheveux du modèle que vous peignez, cela ajoute à la ressemblance et à la vérité. Il faut bien observer les passages des cheveux qui se verront avec la chair, afin de les rendre aussi vrais que possible ; qu'il n'y ait jamais de dureté et que les cheveux se mêlent bien avec la chair, tant par le contour que par la couleur, afin que cela n'ait point l'air d'une perruque, ce qui arriverait immanquablement si l'on ne faisait pas ce que je viens d'expliquer.

Les cheveux doivent se dessiner par masse et très peu l'emporter ; le mieux serait de les faire par glacis, la toile produisant souvent des transparents dans l'ombre et dans le ton entier. Les clairs des cheveux ne s'établissent que sur les parties saillantes de la tête ; les boucles de cheveux reçoivent la lumière au milieu et sont légèrement interceptées par quelques légères échappées de cheveux qui viennent en ôter l'uniformité. Il faut toujours que les bords des cheveux participent du ton du fond, ce qui aide à faire tourner les parties fuyantes de la tête.

L'oreille est très nécessaire à bien étudier et à bien mettre à sa place, attendu qu'elle attache le col à la tête ; il faut le plus possible la faire d'une belle forme, étudier l'antique ou la belle nature. On peut observer, par exemple, que généralement la nation allemande, et surtout la nation autrichienne, les ont attachées plus haut qu'elles ne devraient l'être dans la proportion exacte, de même que l'emman-

chement de son col est différent de celui des autres indi-
vidus appartenant à d'autres pays. Il est large, gros, et
prend très haut derrière l'oreille : cette nation a le mastoïde
très fort. Si l'on peint donc une Allemande, on doit conserver ce trait caractéristique de sa nation, qui se trouve
aussi dans l'ossement large de son front et dans ses joues
assez ordinairement plates et étroites. Il faut le plus possible
faire en entier l'oreille, et bien étudier ses cartilages, quitte
à mettre, par-dessus, des cheveux. Ce qui détermine ses
formes doit être d'une couleur chaude et transparente,
excepté le trou du milieu qui est toujours vigoureux. Son
ton de chair, même dans la lumière, doit céder en général
à la lumière de la joue, qui est plus saillante. L'ombre
portée de l'oreille sur le col doit être très chaude, le jour
passant au travers : la mâchoire doit se décrire par un ton
coloré fin et par de légères demi-teintes, pour obtenir la
saillie qu'elle doit avoir sur le col; si c'est une tête de
femme, les restes du bas de la mâchoire se décrivent par des
tons plus chauds que pour un homme, à cause des tons de
la barbe, qui abasourdissent les tons naturellement chauds
de la chair. La couleur du col est en général d'un ton très
fin et cède beaucoup au ton sanguin du visage. Il est essentiel de bien observer l'aplomb des clavicules, relativement à
la position de la tête ainsi que leur lumière; la poitrine se
colore toujours un peu plus vers le milieu de l'attache des
clavicules; en général les parties osseuses, telles que le
coude, la rotule, le talon, l'extrémité du doigt, doivent
toujours être les plus fortes en couleur.

Si vous devez peindre une gorge, éclairez-la de façon
qu'elle reçoive bien la lumière; les plus belles gorges sont
celles dont la lumière n'est point interceptée jusqu'au
bouton qui se colore peu à peu jusqu'à l'extrémité; les
demi-teintes qui font tourner le sein doivent être du ton le

plus fin et le plus frais; l'ombre qui dérive de la saillie de la gorge doit être chaude et transparente.

Il y a la même dégradation de lumière sur tout le corps que celle ci-dessus expliquée pour la tête ; si la figure est assise, la lumière alors se rappellera très vivement sur les cuisses et dégradera jusqu'au talon.

CHAPITRE XXVII

Pour rendre notre travail plus complet, nous avons pensé qu'il était de notre devoir de poursuivre jusqu'au bout la tâche que nous avons entreprise, et de ne laisser aucune lacune dans l'esprit de ceux qui ont bien voulu nous honorer de leur lecture. En parlant de restaurations, nous avons posé en principe qu'il fallait apprendre à connaître les Maîtres et les Écoles (1) formées par eux, pour arriver à distinguer entre elles et à classer leurs œuvres; aussi avons-nous éliminé de ce chapitre tout ce qui aurait pu le compliquer inutilement.

Les peintres italiens ont formé 13 écoles dont voici les noms :

L'École italienne comprend l'école florentine, romaine, bolonaise, vénitienne, napolitaine, siénnoise, milanaise, genevoise, de Parme, génoise, ferraraise, de Toscane et de Padoue.

Les Espagnols de leur côté forment 4 écoles.

L'École espagnole comprend l'école de Séville, Madrid, de Valence et italo-espagnole.

(1) Consulter le splendide ouvrage de M. Charles Blanc, portant pour titre : *Histoire des Peintres de toutes les Écoles depuis la Renaissance jusqu'à nos jours*, publié par la librairie Renouard.

Cette dernière est formée par les élèves qui ont étudié avec des maîtres italiens.

Les Pays-Bas forment trois écoles.

L'École flamande comprend } l'école allemande, flamande, hollandaise.

La France enfin compte aussi 2 écoles.

L'École française. comprend } l'école française ancienne et moderne.

Puis ensuite vient l'école anglaise.

Nous allons maintenant décrire les caractères généraux de ces principales écoles, en commençant par la plus ancienne.

L'école florentine.

Date de 1260. La première peinture qui parut provenait d'un peintre nommé Cimabué.

Les tableaux de cette école sont d'une faiblesse prodigieuse de dessin, d'une grande sécheresse, d'une couleur froide et blafarde ; le bois de cèdre est la matière sur laquelle toutes ces peintures ont été exécutées.

L'école vénitienne.

Elle fut rivale de l'école florentine, avec cette différence qu'elle apporta plus d'éclat dans sa couleur, plus de hardiesse et de franchise dans sa touche ; ses lumières sont rouges et ses ombres noires, son dessin peu correct. Les premiers tableaux de cette école furent peints sur panneaux.

Ce fut le Titien qui y introduisit l'usage des toiles et les signa de son nom. Le tissu en est grossier, c'est un outil extrêmement fort.

L'école romaine.

Eut pour chef Piétro Perugio, le maître de Raphaël. Léonard de Vinci et Bellini en firent partie ; par leur talent, ils ne tardèrent pas à élever cette école au premier rang et se firent remarquer par la correction de leur dessin, la sagesse du coloris et la poésie des contours. Les tableaux de l'école romaine ne sont généralement pas signés, excepté cependant ceux de Raphaël, ils ont été peints sur bois recouvert d'un enduit de plâtre inventé par le maître lui-même, ce qui a beaucoup contribué à leur conservation.

L'école de Parme.

Dérive de ces trois écoles ; elle eut pour maître Le Corrège, elle brille par la vérité de son coloris : si le dessin manque quelquefois d'exactitude, ce défaut est racheté par la grâce qui règne dans ses ouvrages. Leurs peintures furent exécutées, tantôt sur bois, tantôt sur toile excessivement fine, recouverte d'une préparation grise.

L'école bolonaise.

Se distingue par une grande pureté de dessin et une excessive finesse de ton ; son coloris transparent est souvent froid et monotone, rarement ses tableaux sont peints sur toile ou sur bois, la matière qu'ils ont adoptée est le cuivre.

Les écoles Siennoise, Milanaise et Ferraraise, se ressemblent toutes ; leur dessin est plus correct, leur coloris moins maigre ; leurs panneaux de même que leurs toiles présentent un ton cendré et quelquefois violet, qui est occasionné par la couche de fond gris foncé, qu'ils apposaient comme préparation sur leurs toiles.

L'école napolitaine.

Est pleine de vigueur, d'un coloris éclatant, mais d'un dessin peu correct. Sa manière de faire est aussi celle de l'**école genevoise**, qui, cependant, fut plus froide de couleur, et d'un faire plus léché.

L'école de Padoue.

N'a guère traité que des sujets bibliques. Ses peintures manquent de brillant, elles sont ternes et grises.

L'école espagnole.

Eut pour chef Murillo, il inculqua à ses élèves ses trois manières de travailler. La première manière fut celle des Florentins; plus tard il s'inspira des œuvres de Van Dyck, et ses peintures alors devinrent grises. En dernier ressort, il se créa un genre qui fut le sien. La grâce dans le dessin, la poésie et le charme du clair obscur lui valurent sa réputation.

L'école de Valence.

Se distingua de la précédente par un coloris plus noir et moins vigoureux, un dessin fortement accentué, une touche hardie et une grande force d'expression.

L'école de Madrid.

Dont la prédilection fut grande pour les *Ecce Homo* et

les *Mater Dolorosa*, tient beaucoup de l'école florentine. A
un dessin correct, elle joint une couleur froide et terne d'un
grand fini.

Au nombre des principaux maîtres de l'école espagnole,
il faut citer les Carducco, Castillo, Francisco Collantes,
Goya, las Roelas, le Greco, Mazo, Murillo, Ribera, Rizzi,
Valdes Leal, Velazquez, Zurbaran.

L'école allemande.

L'école allemande, formée par Bramer et Rottenhammer,
élèves du Titien, est froide et monotone, guindée de formes.
Leurs draperies sont aussi roides que leurs manières.

L'école flamande et hollandaise.

Est tellement connue de tout le monde, qu'il suffit de
nommer le nom de David Teniers pour la décrire tout
entière. Parmi l'école hollandaise, citons les Berghem, Both,
Van der Cabel, Cuyp, Van der Does, Dow, C. Dujardin,
Van Goyen, Hobbema, Van der Meer, Van Ostade, P.
Potter, Rembrandt, Ruysdael, etc., et dans l'école flamande, citons les Van Balen, Breughel de Velours, Van
Dyck, Frans Floris, Van Falens, F. Hals, Jordaens, Ommeganck, B. Peters, Porbus le jeune, Teniers le jeune, Teniers
le vieux, etc.

L'école française.

L'ancienne école française, qui se trouve renfermée dans
nos Musées et nos collections particulières, est entièrement
peinte sur des toiles dont le fond était préparé en rouge.
Nous en avons un exemple dans les œuvres de Le Brun,
qui se trouvent au Musée du Louvre. Quant à l'école

moderne, nous connaissons les noms de tous les Maîtres ;
les œuvres de David, qui fut le régénérateur de l'École
française, nous révèlent un dessin rigide et correct.

L'école anglaise.

Dont le dessin ne manque pas d'originalité, se distingue
par un coloris froid et blafard, qui tient en quelque sorte du
climat sous lequel vivent ses artistes ; leur pose roide et
guindée, et leurs peintures sèches décèlent encore leur
caractère britannique.

CHAPITRE XXVIII

LISTE PAR ORDRE ALPHABÉTIQUE DES NOMS DES PEINTRES QUI
SE SONT DISTINGUÉS DANS TOUTES LES ÉCOLES.

Peintres des écoles italiennes.

Albane, F.-L.
Albertinelli.
Allori.
Alunno, Nicolo.
André del Sarte.
Barroche (Le).
Bartholomeo, F.
Benozzo Gozzoli.
Bigio, F.
Bonifazio.
Botticelli, Sandro.
Bronzino.
Calabrèse (Le).
Caravage (Le).
Carrache, L.
Carrache, A.
Carrache, An.
Castiglione.
Cigoli.
Costa, Lorenzo.
Corrège (Le).
Cortone, P. (de).
Credi, Lorenzo (di).
Dolci, C.
Dominiquin (Le).
Ferrari, G.
Féti.
Fra Filippo Lippi.
Francia (Le).
Francesca (P. della).

Garbo, Rafael (de).
Ghirlandaio, D.
Giordano, L.
Giorgion.
Guerchin (Le).
Guide (Le).
Josépin (Le).
Lanfranc.
Lippi, Filippino.
Luini, Bernardino.
Luigi d'Assise.
Mannozi, G.
Mantagna.
Maratti, B.
Masaccio.
Muziano, G.
Panini, J.-P.
Passignano, D.
Perino del Vaga.
Pérugin (le).
Peruzzi.
Pontormo (Le).
Primatice (Le).
Procaccini (Les).
Raphaël.
Romain, J.
Rosa, Salvator.
Rosso (Le).
Salaïno, Andrea.
Sesto, Cesar (da).

Signorelli.
Soddoma.
Solario, Andrea.
Solimena.
Strozzi (dit le capucin).

Testa (Pietro).
Vasari.
Vinci, L. (de).
Volterre, Daniel (de).

De l'école vénitienne.

Bassan, F.
Bassan, J.
Bassan, L.
Bellini, Gentille.
Bellini, Giovani.
Beltraffio.
Bonvincino.
Bordone, Pàris.
Calcar, Jean (de).
Canaletti, Antoine.
Carpaccio, Vittore.
Cima de Conegliano.
Giorgion (le).
Lotto, Lorenzo.
Moroni.

Muziano, Girolamo.
Padouan (Le).
Palma le Jeune, J.
Palma le Vieux.
Piombo, Sebastien del.
Pordenone (Le).
Salviati, dit Porta.
Schiavone, Andrea (Le).
Tiepolo (les).
Tintoret (Le).
Titien, Vecelli.
Véronèse, Paul.
Véronèse, A., dit Turchi.
Zelotti.

De l'école espagnole.

Cano, A.
Carducco (les).
Careno.
Castillo (les).
Cespedès, P. (de).
Cerezo.
Coello, Claudio.
Coello, Sanchez.
Collantès (Francisco).
Le Greco.
Goya.
Herrera (les).
Juan de Séville.
Juan de Joannès.
Las Roélas.
Mazo Martinez.

Moralès.
Moya.
Murillo.
Mudo Navarete (El).
Pacheco.
Pantoja.
Pareja.
Ribalta (les).
Ribera.
Rizi (les).
Tristan, L.
Valdes Leal, Juan (de).
Vargas.
Velazquez.
Zurbaran.

De l'école flamande.

Balen, Van.
Bloemen, F., Van.
Breadel, Jean.
Breughel, Pierre.
Breughel de Velours.
Bril, Paul.
Coques, Gonzalès.
Coxie, Michel (de).
Craesbecke.
Crayer, G. (de).
Diepenbeck.
Duchatel.
Dyck, A., Van.
Eyck, Van (les).
Falens, Van.
Floris, F.
Fyt, Jean.
Fouquières.
Francken, François.
Francken, Jérôme.
Genoëls, A.
Goes, Van der.
Gosaert, Mabuse.
Hals, F.
Hœck, Van.
Huysmans.
Janssens, Abr.
Janssens, Victor.
Jordaens.
Kessel, Van.
Lens.
Matzys, Q.

Memline.
Miel, J.
Mol, P. Van.
Neefs, P.
Ommeganck.
Oost, Van (les).
Orley, Bernard, Van.
Pepin, Martin.
Peters, B.
Porbus le Jeune.
Porbus (les).
Quellyn le Père.
Roger, Van der Weyden.
Rombouts, Th.
Rubens.
Schut, C.
Seghers, Daniel.
Seghers, Gérard.
Snayers.
Sneyders.
Steenwyck.
Teniers le Vieux.
Teniers, David.
Tulden, Van.
Uden, L., Van.
Utrecht, Van.
Venius, Otto.
Verhaghen.
Vos, Corneille (de).
Vos, Martin (de).
Wildens.
Wleughels, Nicolas.

De l'école hollandaise.

Asselyn.
Bakhuisen, L.
Béga, C.
Berghem.

Bloemaert, A.
Bol, F.
Both, André.
Both, J.

Bramer, Léonard.
Brauwer.
Breenberg, B.
Cabel, Van der.
Cuyp, Albert.
Corneille de Harlem.
Decker, C.
Does, Van der.
Dow, G.
Ducq, Jean (Le).
Dujardin, K.
Dusart, C.
Dyck, Ph., Van.
Eeckhout, Van.
Everdingen, A., Van.
Flinck, Govert.
Goltzius, Henry.
Goyen, J., Van.
Heem, David (de).
Heemskerk, Martin.
Helst, Van der.
Heusch, G. de.
Heyden, Van der.
Hobbema.
Hondekocter, M. (de).
Honthorst.
Hoogstraten, S.
Houbraken, Arnold.
Huchtenburg, J., Van.
Hooghe, P. (de).
Huysum, J., Van.
Kalf.
Keyser, Th. (de).
Koninck, Phil.
Koninch, Sal.
Laer, P. (de).
Lairesse, G. (de).
Leyde, Lucas (de).
Lievens, J.
Lingelback, J.

Maes, Nicolas.
Meer, Van der.
Metsu, G.
Miéris, F.
Miéris, G.
Mirevelt, Michel.
Moor, Karel (de).
Moro, Antonio.
Moucheron, F.
Neer, Van der.
Neer, E., Van der.
Netscher, G.
Ostade, Isaac.
Ostade, A., Van.
Poëlemburg.
Potter, P.
Pynacker, A.
Rembrandt.
Ruysdaël.
Ruysdaël, S.
Saftleven, H.
Schalken.
Schoorel, J.
Slingeland, P., van.
Steen, Jean.
Swanevelt, A.
Terburg, G.
Troost, Corneille.
Velde, A., Van (de).
Velde, G., Van (de).
Velde, I., Van (de).
Vlieger, Simon (de).
Waterloo, A.
Weenix, J.-B.
Werff, Van der.
Wit (de).
Wouvermans.
Wyck, Thomas.
Wynants, J.
Zorg.

De l'école allemande.

Angelica Kauffmann.
Cornélius.
Diétrich.
Dürer, Albert.
Elzheimer, A.
Ferg (F. de Paula).
Hesse (H. de).
Holbein (J., dit le Jeune).
Mengs, Raphaël.

Overbeck.
Rethel.
Ridinger.
Rugendas, G.-P.
Roos, J.-H. et T.
Sandrart.
Schinkel.
Schnorr.

De l'école française.

Ary Scheffer.
Bachelier.
Baudoin.
Blanchard.
Bon Boullongne.
Bourdon, S.
Boucher.
Boullongne, L. (de).
Bourguignon L.
Callot, J.
Casanova.
Champagne, P. de.
Chardin.
Charlet, N.
Clouet, J. et F.
Cousin, J.
Coypel, A.
Coypel, Ch.
Coypel, Noël.
Coypel, N.-N.
David, L.
Decamps.
Delaroche, P.
Demarne, J.-L.
Desportes.
De Troy, F.
De Troy, J.-F.

Doyen.
Drouais, J.-G.
Dufresnoy, C.-A.
Dughet, G.
Forest.
Fragonard.
Fréminet.
Gérard, Fr.
Géricault.
Gillot, Cl.
Girodet.
Granet, F.-M.
Greuze, J.-B.
Gros, A.-J.
Guérin, P.
Huet.
Hyre (De la).
Isabey, J.-C.
Jeaurat, E.
Jouvenet.
Lafosse, Ch. (de).
Lagrenée (les).
Lancret.
Lantara.
Largilière, N. (de).
Latour, L.-Q. (de).
Lebrun, C.

Lefèvre, Cl.
Lemoyne.
Lépicié, N.-B.
Lesueur.
Lethière, G.-G.
Lorrain, Claude.
Louterbourg.
Meulen, Van der.
Michallon.
Mignard, M.
Mignard, P.
Millet, Fr.
Monnoyer.
Nain (Le) frères.
Natoire, C.
Nattier, J.-M.
Oudry.
Parrocel, Charles.
Parrocel, Joseph.
Patel, P.
Pater, J.-B
Pierre, J.-B.
Poussin, N.
Prince (Le).
Prud'hon.
Raoux, J.

Regnault.
Restout, Jean.
Rigaud, H.
Rivalz, A.
Robert, Hubert.
Robert, Léopold.
Santerre, J.-B.
Sigalon.
Stella, J.
Subleyras.
Taunay.
Testelin, L. et H.
Tournières, Robert.
Tocqué, Louis.
Tremolière.
Valentin.
Vanloo, C.
Verdier, F.
Vernet, Carle.
Vernet, Joseph.
Vernet, Horace.
Vigée-Lebrun (Mme).
Vien, M.-J.
Vouet, S.
Watteau.

De l'école anglaise.

Barry, J.
Blake.
Bonington.
Calcott.
Collins.
Constable, J.
Etty.
Fusely, H.
Gainsborough, T.
Harlow.
Hogarth, G.
Howard.
Lawrence.

Martin, J.
Morland, George.
Newton, G. Stuart.
Northcote.
Opie, John.
Reynolds, Joshua.
Romney, G.
Smirke, Robert.
Stothard.
Turner.
West, B.
Wilkie, David.
Wilson.

CHAPITRE XXIX

Un grand sujet d'embarras pour les collectionneurs de tableaux consiste fréquemment dans la difficulté de les accrocher : les murs des appartements s'y refusant quelquefois, soit à cause d'une cloison de pierre, de plâtre ou paillis, et du dégât qu'occasionne souvent le placement des clous. Joignez à cela l'ennui toujours répété de redresser un tableau placé de travers, d'en hausser un autre trop bas, d'égaliser et harmoniser le tout ensemble, puis les changements répétés, enfin tout ce qui nécessite un travail continuel et pénible, une surabondance de clous dans les murs, etc.; en un mot une perte de temps, et un ennui très grand que les amateurs peuvent facilement s'épargner en disposant leur cabinet comme nous allons le leur indiquer.

Le mode de monture que nous préconisons est du reste employé avec succès non seulement au Musée d'Amiens, mais encore dans bon nombre de musées et collections particulières.

Voici en quoi il consiste : Vous faites placer tout autour de l'appartement dans lequel vous devez accrocher des tableaux, à environ 5 ou 10 cent. des corniches du plafond, une tringle de fer (1) ronde d'environ 2 centimètres de diamètre, pas tout à fait le double d'une tringle à rideaux,

(1) La distance de la tringle au mur doit être de 5 cent.

soutenue de distance en distance, suivant la longueur
des panneaux, par une patte fixée dans le mur (fig. 16).
C'est sur cette tringle que viennent se poser toutes les
bandes verticales parallèles (n⁰ˢ 2) sur lesquelles glissent
les coulants garnis de crochets (fig. 18) qui doivent retenir
les tableaux suspendus et qui remplacent les clous. Ces
bandes de fer, larges d'environ 3 centimètres sur un demi-
centimètre d'épaisseur, sont simplement recourbées par le
haut pour former agrafe (fig. 17), elles glissent parfaitement

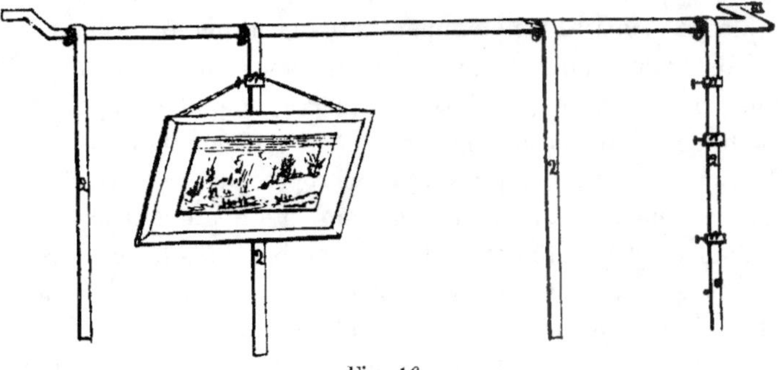

Fig. 16.

et sans aucune difficulté sur la tringle de fer (fig. 16). Le
crochet ou coulisseau glisse du haut en bas de la bande par
le moyen d'une petite rainure (fig. 19 revers), il se fixe
à l'endroit désiré par la vis de pression qui appuie sur le
côté de la bande. Au revers du cadre se placent 3 pitons :
les deux du haut servent à accrocher le tableau, et le troisième en bas lui donne la pente désirée au moyen d'une
corde ou d'un fil de fer qui se lève ou se baisse à volonté et
se rattachant au crochet qui suspend le tableau (fig. 20). On
met à chaque bande autant de coulisseaux que l'on désire
accrocher de tableaux.

Comme on le voit par ce court énoncé, ce système est aussi

ingénieux que simple. La vue des figures ci-jointes suffira
pour faire comprendre entièrement ce que l'on ne saisirait
pas bien dans notre
description. Pro-
preté, économie,
célérité, facilité de
maniement, tels
sont les avantages
précieux et multi-
ples qui se ratta-
chent au système
de monture que
nous engageons les
amateurs et collec-
tionneurs à adop-
ter pour la bonne

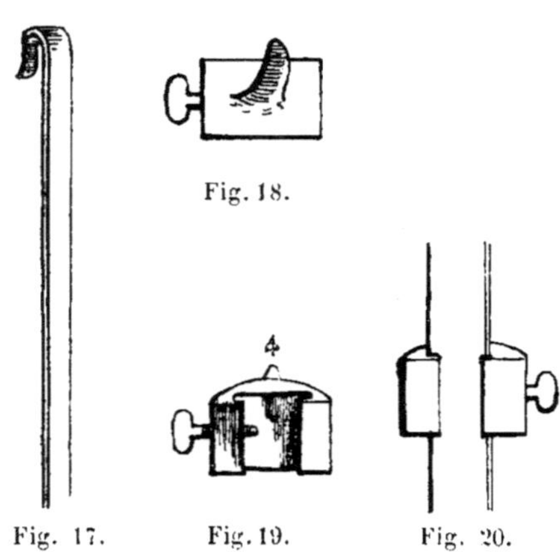

Fig. 18.

Fig. 17.   Fig. 19.   Fig. 20.

organisation de leurs cabinets. Tous les serruriers de province sont à même d'exécuter ce travail qui ne demande que
peu ou presque point de façon.

Eustache le Sueur

Wateau

chardin
1765

P.P. — Prudhon. —
1808.

GROS. 1820

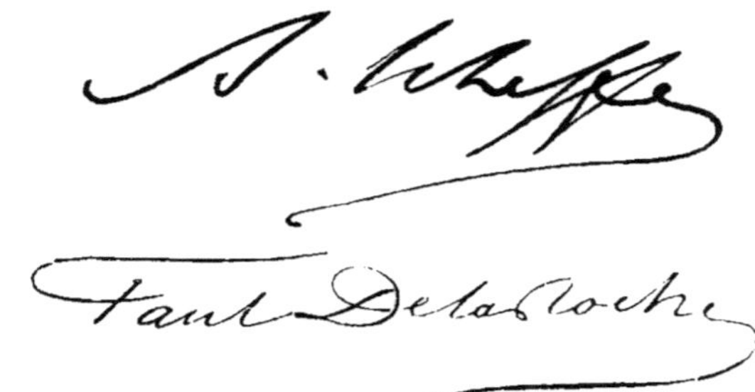

· le naiñ · fecit · 1643

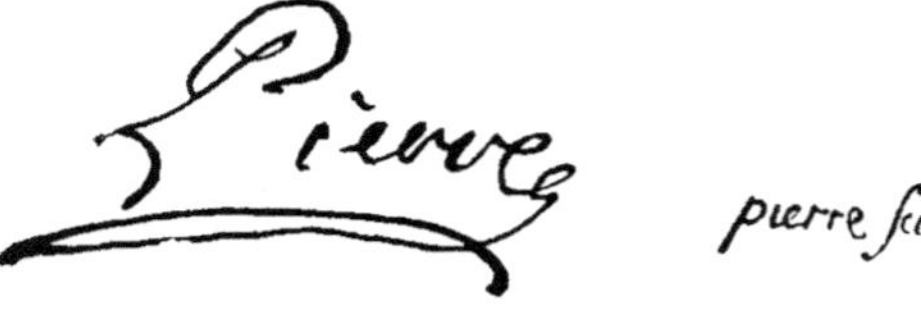

· Iouuenet · pin · 1689

Patar

Bourdon

Stella
faciebant
1635.

§ ✶F. ROMÆ
.I.✶ FECIT.
     16z5.

P. D. HOOCH   *P Hooch*

M. D'Hondecoeter

AXA , AWF.

NW, AW, W.

Antoni Waterlo f.

VG *pinx. au de* I

WD *et de* MB *ex*

VG *1653*

VG *1632 au de* H. S.

VG 16 53

VG f 1653

VGOYEN 1647

Both   *Both*

Jan: Both 1650

Sttn.

Steen 1672

Ch^r V^r Werff *fec an* 1721

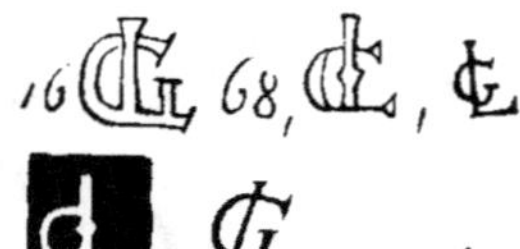

16 68, 𝕮, 𝕮

𝖉   𝕮 *inuentor*

Joch van Ootade

C . P . F

C . P .,   C . P . *pinxit*

H. V STEIN, 1642.   H.V.S.
1614

K ·DU· IARDIN· *fe* .

HENRI
V
STEINWICK
1 6 2 6

Bartholomeus
vander helst
fecit 1625

G. Schalcken . GS·f

Bega f .   *c btga*

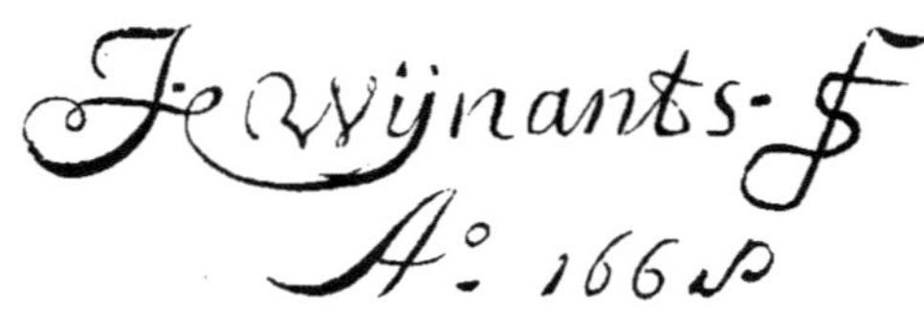

P. NEEF T S.

Paulus Bril Inuent·
& Fecit: 1590··

T Sneyders 1632

F. Snyders inve

Pe PA. RVBENS. FE
A 1625.

ÉCOLE ESPAGNOLE

F. Dzvrbaran

FAꞋA. 1629.   Murillo f Hispan

Goya

Goya   Fran.cs Goya a. 1778   Goya

Soya   Goya 1810

Per

Carlo Maratti

IB PANINI fec Roma

Placen 1725

G. P. PANINI.

1492
MA
AM

1508

A.M

M

MF.

L· COSTA·F·

LAVRENTIVS · COSTA · F · 1505.

RAPHAEL·VRBINAS·PINGEBAT   M.D.XVIII.

VA·S·MDX·XIII.   X, XX, XXX.

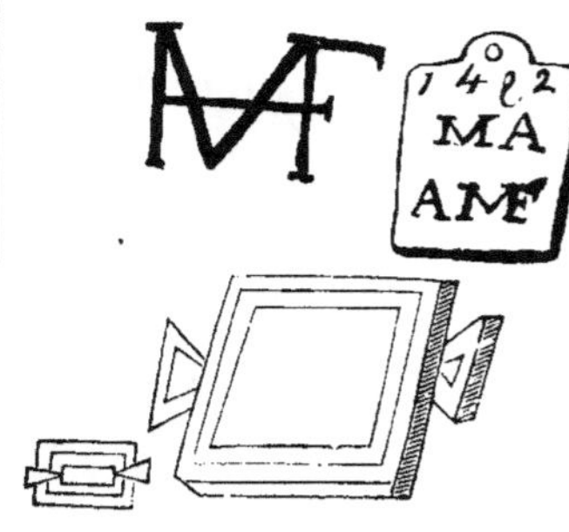

Dietricij ; Pinx. 1753 ;

Dietry - fecit 1763.

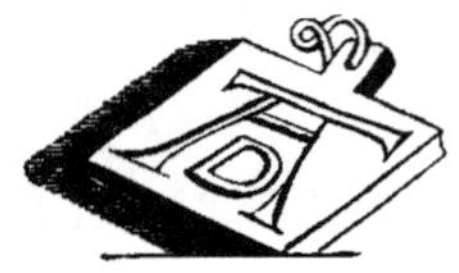 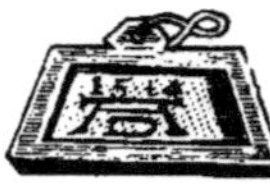  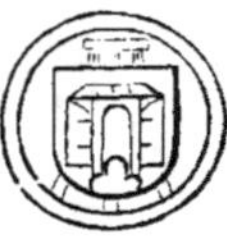

DAVID . TENIERS . F
A 1644
D . TENIERS .

ÉCOLE ANGLAISE

Ths. Lawrence.

W. H. inv. et Sc.

John Constable

DEUXIÈME PARTIE

DES GRAVURES

DESSINS, AQUARELLES, PASTELS
MINIATURES

ET

DE LEUR RESTAURATION

CHAPITRE PREMIER

Si le commerce des tableaux a ses faussaires éhontés, le commerce des estampes n'en est pas plus exempt. Il n'est point de supercheries que l'on n'ait inventées pour chercher à satisfaire l'insatiable désir des collectionneurs, qui toujours en quête de nouveaux états, de pièces imaginaires, favorisent, sans s'en douter le moins du monde, par leurs demandes réitérées l'appétit des marchands et excitent au plus haut degré la cupidité toujours croissante de certains d'entre eux qui, peu consciencieux, profitant de la faiblesse humaine, cherchent à l'exploiter en donnant matière à ses désirs et à sa convoitise.

Mieux que la peinture, la gravure se prête à merveille à une foule d'escroqueries, à une quantité de manipulations qui font de la plus mauvaise et de la plus vulgaire des pièces une épreuve de valeur et de prix.

Que de ressources en effet présente ce commerce ? N'y-a-t-il point les *épreuves avant la lettre ;* les *états inconnus,* les *planches retouchées,* et, comme pour les tableaux, les *fausses signatures,* les *monogrammes ajoutés après coup ;* les *tirages sur vieux papier ;* la *teinture des papiers modernes;* les *piqûres de vers,* l'*enfumage,* etc., etc.

Nous n'en finirions pas s'il fallait donner la nomenclature de toute la série des opérations par lesquelles passe soit une gravure nouvellement tirée, soit une gra-

vure ancienne, pour arriver à pouvoir supporter le plus sérieux examen et affronter éhontément, sans pudeur, les regards inquisiteurs mais avides des collectionneurs que la vue
d'une nouveauté inconnue torture et bouleverse sans trêve
ni merci.

Soyons donc prudents dorénavant, et que les quelques
lignes qui vont suivre fassent l'effet d'une douche sur
la tête des plus ardents : qu'ils se méfient et ne s'adressent
qu'à des marchands consciencieux, car il y en a encore, et
beaucoup, je puis vous l'assurer. La brebis galeuse est
toujours et partout mise à l'index du troupeau, et votre
franchise vis-à-vis d'un honnête marchand vous préservera
de son contact en vous la signalant.

Ainsi averti, tenez-vous en garde !

Malins, qui furetez au dehors, croyant y découvrir des
richesses ignorées, rappelez-vous que toutes les campagnes
environnant les grandes villes, les villes d'eaux et les
villages qui les entourent sont devenus de véritables succursales du commerce de la curiosité. Il n'est pas de chaumière,
presque pas de maison qui ne possède son petit objet
de curiosité ; placé tantôt ostensiblement, d'autres fois
mystérieusement dissimulé dans un coin, non sans un certain artifice.

Eh bien ! méfiez-vous de ces appâts alléchants : ce
sont autant d'amorces tendues à l'appétit dévorant des
fureteurs ; chaque objet a sa légende : il y en a pour tous
les goûts et suivant les objets. Quel volume intéressant
l'on aurait à écrire si l'on recueillait, de porte en porte,
toutes ces fables racontées avec un semblant de sincérité
et de candeur, et auxquelles chacun se laisse prendre. Ici
c'est une faïence servant à contenir la nourriture des poulets, ou une vasque faisant soi-disant l'office d'auge à un
porc ; là c'est une gravure, un tableau, une urne, descen

dant en ligne directe de père en fils, ou provenant d'un ancien château, etc., toutes choses auxquelles on tient, et dont on n'a nullement l'intention de se défaire (sans compter celles que le grenier tient encore en réserve), à moins d'une somme assez rondelette pour enlever l'objet. Vous hésitez d'abord, vous revenez, vous tournez et retournez l'objet, car il faut faire un coup. Le paysan roublard ne s'occupe guère de vous, tout en vous surveillant du coin de l'œil, car aucun de vos mouvements ne lui échappent. Il vous tient... Vous hésitez encore..., mais, poussé par le démon de la possession, vous offrez un prix que l'on refuse invariablement, ne voulant pas vendre l'objet. Malheur à vous si vous l'abandonnez, car d'affreux cauchemars hantent votre sommeil ; vous voyez votre précieuse trouvaille découverte par un autre, et cette perle, grossie par l'imagination, enlevée par lui... ; un véritable trésor, rien moins que cela ! Si vous êtes libre, vous quittez vite votre moelleux duvet, transformé en grabat, pour courir cette fois au plus vite à la conquête de cette nouvelle toison d'or. Quelle diplomatie ! que de précautions infinies pour arriver, sans attirer les regards, près de l'objet convoité ! Un amant ne saurait faire mieux pour l'objet de sa flamme.

Lorsqu'après toutes ces ruses vous croyez tenir l'objet tant désiré et que vous vous hasardez à en offrir un nouveau prix, on se récrie : un marchand, un vrai connaisseur celui-là, a passé après vous ; il en a offert une somme bien supérieure à celle que vous proposez, et l'on n'a pas voulu se dessaisir de ce précieux souvenir de famille. Plus de doute, votre trésor est découvert ; il faut à tout prix l'enlever au ravisseur qui a surpris votre secret ; qui, vous connaissant, s'est attaché à vos pas, et veut de gré ou de force vous ravir ce précieux objet, car il doit revenir le jour même. Oh alors ! n'y tenant plus, la valeur de l'argent n'a plus d'égale que la passion de posséder l'objet ; il vous le faut à tout prix, coûte que coûte. Le payant souvent le double ou le triple de sa valeur, n'importe, on en devient possesseur ; se sauvant à toutes jambes, fier de son acquisition, on n'ose jeter un regard en arrière de peur qu'un remords de la part du vendeur ne vienne faire rompre le marché.

La farce est jouée !... pas plus malin que cela : le bénéfice se partage, l'objet est remplacé par un autre, et l'acquéreur... mystifié. C'est là l'éternelle comédie humaine, toujours on y est pris, toujours on s'y laisse prendre.

Ceci dit, quelques mots au lecteur le prémuniront sur les différentes escroqueries contre lesquelles il a à lutter.

CHAPITRE II

La mode, cette enfant bizarre d'une imagination capricieuse, doit être entièrement proscrite du monde des collectionneurs.

Pour qu'une épreuve ait droit de cité parmi eux, pour qu'elle puisse figurer dans les cartons du collectionneur, il lui suffit d'être belle : voilà ses titres, peu importe le lieu de sa production.

Nous ne saurions trop engager les amateurs à savoir modérer et borner leurs désirs, pour ne pas, par entraînement ou envie, dissiper en de fausses ou impuissantes spéculations une fortune souvent acquise au prix de la persévérance et du travail.

Rappelez-vous une chose, que pour avoir une belle collection, la quantité des épreuves n'est rien, mais que ce qu'il faut avant tout rechercher, c'est la qualité, la valeur réelle des estampes.

La connaissance en cette matière s'acquiert plus facilement pour les gravures que pour les tableaux : pour les premières il suffit tout simplement de bien saisir la manière de faire, le genre, le trait de burin de chaque graveur ; ce qui s'apprend aisément par l'étude et la comparaison des maîtres entre eux ; tandis que pour la peinture il faut en outre une connaissance approfondie de l'art.

Des épreuves avant la lettre.

Tout le monde sait que les épreuves avant la lettre sont les plus estimées et les plus recherchées; elles sont en quelque sorte ce que l'on peut appeler la fleur du tirage. Autrefois elles étaient offertes en cadeau par les graveurs qui ne s'en dessaisissaient jamais sans qu'elles fussent d'une réussite en tout conforme à leurs désirs. Des soins apportés dans leur tirage résulte un effet général plus brillant, des tons plus vigoureux. Ces seuls motifs sont la cause de leur prix élevé. Il n'y a cependant, suivant nous, que fort peu de différence, s'il y en a, entre les dernières épreuves tirées avant la lettre et les premières avec la lettre.

De la fraude dans le commerce des gravures.

Puisque nous sommes sur ce chapitre, prémunissons de suite notre lecteur contre quelques ruses introduites dans le commerce des gravures, et dont les collectionneurs et amateurs sont souvent les premières victimes.

Le désir immodéré du gain a poussé certains graveurs et marchands, pour tirer un plus grand profit de leurs planches, à leur faire subir, après un premier tirage, une foule de petites corrections insignifiantes par elles-mêmes, telles qu'un changement de titre ou une substitution de date, de dédicace, d'adresses mises pour faire croire à l'origine de tirages antérieurs; des titres retranchés, des draperies ajoutées ou enlevées, etc., retouches constituant autant d'états différents s'éloignant de la planche primitive, et devenant, par ce fait, une véritable source de bénéfice. Enfin les salissures faites au papier par une teinture qui lui donnent un aspect de vétusté. Ainsi, tout est mis en œuvre pour surexciter les désirs et faire croire aux amateurs qu'il existe des épreuves antérieures ou postérieures à celles qu'ils possèdent.

Là ne s'arrête point l'artifice : les épreuves originales elles-mêmes ont aussi leur part à supporter : car dans les retirations les titres ou dédicaces ont été soit rebouchés avec du blanc d'Espagne, soit recouverts sur la planche par une bande de papier (1) qui, en empêchant l'impression sur la marge, donne à l'épreuve toute l'apparence et les caractères d'une véritable épreuve avant la lettre ; de là, pour les marchands, un motif de surenchère vis-à-vis de l'amateur. Avec un peu d'habitude on reconnaît facilement l'emploi du cache-lettre, en ce qu'il laisse toujours apercevoir, sur la marge de l'estampe, un trait accusateur révélant le procédé. Lorsqu'on s'est servi du blanc d'Espagne, il ne reste aucune trace sur le papier, alors, la qualité seule de l'épreuve doit servir de guide. Où il est plus facile d'être trompé, c'est lorsqu'on achète des gravures encadrées : le brillant du jour, le miroitage sur le verre, sa saleté, dissimulent les défauts ainsi que les retouches faites sur la marge. Il faut donc, pour des achats sérieux, ne les faire que la gravure hors du cadre.

État des gravures.

Le premier tirage que donne une planche constitue ce que l'on appelle l'état d'une gravure. Cet état varie suivant les différentes retouches ou additions que l'artiste fait subir à la planche, soit dans le but de la perfectionner, soit pour y ajouter quelques détails nouveaux ou pour la rendre plus agréable à l'œil.

Beaucoup de collectionneurs possédant une gravure en

(1) Une bande de papier prend en terme d'imprimerie le nom de cache-lettre.

recherchent les différents états ; comme il n'est pas toujours facile de leur en fournir, surtout lorsqu'il n'en existe pas, on a imaginé d'en confectionner à l'aide d'anciennes planches de cuivre sur lesquelles on effectue différentes retouches, ce qui les transforme de suite en véritables raretés, que personne ne connaît et dont il n'a jamais été question.

Nous ne parlerons que pour mémoire des anciennes planches retouchées et remordues à l'acide, qui, tirées sur de vieux papiers, teintées à l'eau de chicorée, salies au besoin par quelques taches habilement exécutées, par des chies de mouches à la gélatine ou à l'eau gommée, offrent tout à fait l'apparence des anciennes gravures et semblent défier l'expert le plus malin. Eh bien ! avec du sang-froid on se tire facilement de ce mauvais pas : il suffit d'humecter de salive un endroit quelconque de la gravure, et s'il se forme une tache blanchâtre, cette tache sera l'indice révélateur de la fraude. Et les copies ! les copies aussi bien exécutées que les originaux ! dont on ne peut s'apercevoir de la fausseté qu'en connaissant par cœur les originaux eux-mêmes, tant l'imitation est complète et les coups de burin exactement semblables. Des remarques, faites dans certains détails du dessin, dans les vergeures et le filigrane du papier attestant, souvent seules, l'époque du tirage et l'état de la gravure, permettent alors de découvrir la fraude et de rejeter impitoyablement ces épreuves sans valeur.

CHAPITRE III

Plusieurs causes concourent les unes après les autres à la destruction de ces précieux trésors ; ici c'est l'insouciance ou le manque de soins ; d'autres fois les dégâts sont occasionnés par le temps qui détruit et anéantit tout. L'air, la poussière, l'humidité et la fumée, sont généralement les causes premières qui amènent insensiblement les gravures à leur perte ; joignez à cela les accidents occasionnés par le hasard ou la maladresse, tels qu'une tache d'encre ou d'huile, le séjour à l'humidité, les verres fendus, la fumée du tabac ou celle du foyer, etc., etc., et vous aurez à peu près toutes les causes factices ou naturelles qui peuvent détériorer les estampes.

Aussi belle et bien gravée que soit une planche, quelque grandiose que soit la composition, si celui qui l'examine ne peut, par suite d'accidents, embrasser tout son ensemble du premier coup d'œil, contempler aisément, facilement même, tous ses détails, elle devient pour lui sans valeur et la dégradation qu'elle a subie une cause de rebut. L'amateur se prive donc parfois d'œuvres fort rares qu'il aurait certainement acceptées, s'il avait su comment porter remède au mal et connu les procédés, aussi simples qu'ingénieux, qui font, par leur emploi, réchapper du naufrage toute une série de précieuses gravures dont l'exécution a coûté à leurs auteurs tant de veilles et de labeurs.

Nous allons donc, dans ce chapitre, donner les principaux moyens à employer pour rendre aux gravures salies et tachées leur première fraîcheur.

Avant d'entrer plus avant dans les détails, et pour ne pas revenir en arrière, nous allons parler d'abord du matériel nécessaire au lavage et au nettoyage des gravures; puis indiquer la manière de fabriquer les objets nécessaires à ces diverses opérations.

De la cuvette.

La cuvette ou bassine est un objet indispensable pour le nettoyage des gravures. On les trouve rarement d'une assez grande dimension en porcelaine, ou lorsqu'elles le sont, elles ont été tellement tourmentées à la cuisson, que le fond, au lieu de présenter une surface plane et unie, n'offre plus que creux et bosses. Il est donc de toute impossibilité de s'en servir pour le nettoyage des gravures. Quant à celles en gutta-percha, leur prix, relativement fort élevé, devient un obstacle à leur emploi. Nous conseillons donc aux amateurs d'en fabriquer comme nous le faisons nous-même, et voici de quelle manière nous procédons.

Nous prenons un morceau de zinc dont la dimension est plus grande que celle des gravures sur lesquelles nous avons le plus souvent à opérer; puis nous en relevons les bords tout autour, à environ 6 centimètres de hauteur, de manière à former cuvette.

Le zinc, par sa grande souplesse, se prête admirablement et facilement à ce genre de travail. Les quatre côtés relevés, on rabat les cornes formées aux quatre angles contre l'un ou l'autre côté, et l'on a ainsi obtenu, sans le secours d'aucun ouvrier, sans soudure, une bassine ou cuvette qui permet toute espèce de lavage.

On se précautionne d'un verre double de 3 ou 4 centimètres moins grand que le fond de la bassine, et on le place au
fond de la cuvette pour recevoir la gravure et lui servir de
support.

Ce verre vous permet de manier facilement votre estampe,
de la retirer de la cuvette sans courir aucun risque de la
déchirer, et de lui faire subir tous les lavages nécessaires à
l'élimination des produits employés pendant le cours du
travail.

Ceci dit, passons à la pratique.

CHAPITRE IV

DÉDOUBLAGE DES ANCIENNES GRAVURES.
LEUR REMMARGEMENT.

Il n'est pas rare de rencontrer dans les ventes après décès, après faillites, etc., de vieilles gravures encadrées ; mais on les rencontre rarement en bon état. Quelques-unes sont collées directement sur le carton leur servant de support ; d'autres le sont sur de vieux papiers, privées souvent de leur plus bel ornement, celui qui, s'il ne fait pas à lui seul tout leur prix, y contribue pour une grande part, nous voulons parler des marges, que le vandalisme fait encore supprimer de nos jours à certains vitriers de province, pour économiser quelques centimètres de bordure et de verre.

Une de ces gravures arrive-t-elle entre nos mains dans ce piteux état, il faut se hâter d'y remédier au plus tôt. Voici comment on procède.

Si la gravure est collée directement sur un carton, on la fait tremper pendant douze heures dans une bassine d'eau froide, en la tenant à fleur d'eau, et évitant d'en recouvrir le carton. Si ce laps de temps ne paraît pas suffisant, on peut le prolonger sans inconvénient, la gravure finit alors par se détacher d'elle-même de son support dont on la dégage aussitôt. Il ne reste plus qu'à enlever, par un lavage à l'eau chaude, les parties détrempées de la colle qui y adhère et de rincer ensuite à grande eau.

Il ne faut jamais frotter avec une éponge ou un pinceau

sur l'envers de la gravure pour faire disparaître soit une tache, un grumeau de colle ou toute autre substance, car on s'exposerait à la déchirer ou à diminuer l'épaisseur du papier en enlevant la pâte. On laisse bien sécher à l'air libre, puis on peut de nouveau soumettre la gravure à d'autres lavages, s'il est nécessaire pour enlever d'autres taches.

Le but qu'on se propose en ne laissant pas tremper le carton dans l'eau est d'éviter les taches qui pourraient se produire de son fait sur la gravure ; car souvent sa pâte est formée d'une foule de matières solubles dans l'eau, et qui, à son contact prolongé, se dissoudraient, entraînant sur la gravure des matières colorantes qui la détérioreraient et qu'il faudrait enlever à leur tour ; ce qui serait double travail. C'est pourquoi nous insistons fortement sur cette manière d'opérer.

Se trouve-t-on en présence d'une estampe collée sur plusieurs feuilles de papier, on la plonge entièrement dans l'eau pour lui faire subir la même opération que nous venons de décrire.

Emmargement ou fausses marges.

Bien souvent l'estampe que l'on vient de séparer de son support se trouve privée de marges ; alors on se trouve forcé de lui en restituer de factices pour la rendre tout à fait présentable. Le procédé le plus pratique consiste à prendre une feuille de papier se rapprochant le plus possible de celui de la gravure, puis, après s'être assuré de la place que celle-ci doit occuper, on rend humide le papier devant servir de support en l'intercalant entre plusieurs feuilles de papier mouillé en l'y laissant séjourner plusieurs heures, de manière à ce qu'il soit complètement moite. On fait de même pour la gravure dont on a préalablement passé les bords extérieurs au papier de verre n° 0, pour les amincir et les aider à se fondre à rien, puis on passe sur le revers de la gravure une légère couche de colle d'amidon, le moins possible, et presque de l'eau, pour éviter les bavochures qui se feraient infailliblement sans cette précaution. Une fois la gravure posée sur son fond, on applique dessus une feuille de zinc la dépassant de quelques millimètres et qui, sous la pression de la presse, marque ce que l'on appelle les *témoins*, lignes qui ressemblent à s'y méprendre à celles que laisse la planche au premier tirage. Une fois retirée de la presse on a ainsi une épreuve remmargée présentable et qui peut prendre place dans une collection.

CHAPITRE V

Une gravure qui n'a d'autres taches que celles occasionnées par l'air, l'humidité, la poussière ou la fumée, n'a besoin que d'être posée dans la bassine, sur le verre double,
que l'on y a préalablement placé. Ceci fait, on verse dessus,
non sans de grandes précautions, une couche d'eau bouillante. La teinte générale, rousse ou jaunâtre, occasionnée
par la fumée, ne tarde pas à disparaître entièrement au bout
de quelques heures de séjour dans ce bain. Alors, relevant
doucement la cuvette par une des extrémités et tenant le
haut de la gravure légèrement appuyé contre le verre double, on fait couler tout le liquide, on réitère encore une
fois le lavage à l'eau bouillante, puis après quelques minutes on renverse encore cette eau; il ne reste plus qu'à
enlever de la bassine le verre sur lequel l'estampe se trouve
adhérente par la présence de l'humidité.

Pour faire sécher, on expose le tout à l'air libre, en
ayant soin de donner au verre un peu d'inclinaison pour
faciliter l'écoulement de l'eau. Aussitôt que la gravure commence à sécher, elle se détache naturellement du verre,
on la suspend alors sur une corde pour hâter sa dessiccation, ce qui ne tarde pas à s'opérer. On la met ensuite sous
presse, entre du papier buvard et du carton, pour qu'elle
ne se racornisse pas.

Une fois bien rétendue et surtout bien sèche, il ne reste

plus qu'à passer dessus un peu de mie de pain pour enlever le petit voile blanc presque imperceptible qui s'y est formé ; mais cela le plus légèrement possible pour ne pas altérer la fleur de la gravure. S'il arrivait que la gravure soit tellement encrassée qu'elle ne blanchisse pas suffisamment par ce moyen, il faudrait recourir à un lavage au chlorure de chaux très faible, car ce dernier, employé fortement concentré, rend le papier sec et cassant. On rince bien l'épreuve, puis on la passe dans une eau légèrement acidulée pour enlever l'excès de chlore qui pourrait encore s'y trouver. On rince de nouveau à l'eau pure et l'on fait sécher.

CHAPITRE VI

DES TACHES D'HUILE OCCASIONNÉES PAR L'IMPRESSION.

Une autre nature de taches qui se rencontre encore quelquefois dans les anciennes gravures est celle provenant des
huiles ou vernis employés dans la matière colorante ayant
servi à imprimer l'épreuve.

Si cette huile n'a pas été préalablement suffisamment
cuite, ou si elle a été employée trop liquide, elle a produit,
quelque temps après l'impression, un petit disque ou une
petite auréole autour de chaque trait de burin. Pour obvier
à cet accident, on opère de la manière suivante : sur une
table bien propre, on pose son morceau de verre double,
puis sur ce verre la gravure à nettoyer; on expose le tout à
l'ardeur du soleil (plus il est fort, meilleur il est pour l'opération).

On verse dessus de l'eau bouillante; la gravure alors
devient pleine de cavités et de bosses, on l'humecte à l'aide
d'une éponge imbibée d'eau que l'on presse au-dessus des
parties qui tendent à se sécher (il ne faut pas frotter, car
on enlèverait la finesse du dessin). Après avoir renouvelé
deux ou trois fois l'eau bouillante, on s'aperçoit que le roux
ou le jaune de l'estampe s'attache au-dessus, il ne faut point
s'en tourmenter, plus les gravures doivent blanchir, plus
cette espèce de rouille augmente.

Lorsque votre estampe sera blanchie, ce que vous recon-
naîtrez facilement, car il ne se formera plus de rouille, vous

la remettrez avec son verre dans la bassine. Vous placez sur votre gravure une feuille de papier pour la protéger des déchirures et vous versez sur cette feuille de l'eau bouillante ; vous recouvrez le tout d'un linge et laissez reposer environ cinq ou six heures ; la rouille s'est alors détachée et dissoute dans l'eau. Videz l'eau de votre bassine, retirez le verre sur lequel se trouve la gravure, faites sécher, puis terminez par la mie de pain, comme nous venons de le décrire plus haut.

Une journée de travail suffit, sur une estampe bien rousse, pour obtenir un bon résultat.

Les taches d'huile s'enlèvent aussi de la même manière, seulement elles demandent plus de temps.

Quand on expose une gravure à l'ardeur du soleil, c'est l'envers qu'il faut lui présenter, sans quoi, par son ardeur, il en altérerait et mangerait la couleur.

Il arrive encore, mais rarement, qu'une gravure ayant subi toutes ces opérations conserve une légère teinte roussâtre qui empêche sa première fraîcheur, il faut alors la faire séjourner quelques instants dans un bain composé de chlorure de chaux (1) et d'eau : dans ce bain elle ne tarde pas à devenir d'une extrême blancheur, son séjour peut s'y prolonger quelques heures suivant sa force.

Nous avons, par ce procédé, remis dans un bon état des gravures si sales, qu'il était de toute impossibilité de distinguer à première vue quel en était le sujet.

Au sortir de ce bain, un lavage à grande eau est exercé sous le jet d'un robinet que l'on modère à volonté ; la gravure, bien entendu, se trouve toujours placée sur le morceau de verre double, elle est toujours recouverte du papier

(1) Dans 500 grammes d'eau, mettez du chlorure de chaux à saturation. Pour faire le bain, prenez 50 grammes de cette solution que vous mettez dans un litre d'eau de pluie. Nettoyez la gravure dans ce dernier bain.

qui doit la protéger des déchirures. Une fois lavée, elle est séchée et traitée comme nous venons de le décrire plus haut.

Des taches d'huile ordinaire.

Après avoir énuméré tous les procédés qui concourent les uns après les autres au nettoyage des gravures, il ne nous reste plus, pour compléter notre travail, qu'à parler maintenant des taches d'huile répandues sur les gravures, ainsi que des moyens employés pour les faire disparaître.

Le seul but vers lequel doivent tendre tous les essais pour parvenir à enlever les taches d'huile consiste, suivant nous, à changer la nature même de l'huile, c'est-à-dire à employer des substances qui, par leur présence, la convertissent en savon; par conséquent lui permettre de se dissoudre dans l'eau. Les huiles ou graisses sont des corps gras ou substances neutres plus ou moins liquides à la température ordinaire, qui fondent à une température élevée; elles sont insolubles dans l'eau, mais elles se dissolvent parfaitement dans l'alcool (surtout à chaud) et dans l'éther. Les alcools et les acides les rendent solubles dans l'eau. Les acides exercent leur action désorganisante sur les huiles.

Les alcalis, eux, de leur côté, forment avec les huiles une espèce de combinaison alcaline, que l'on nomme savon. Les savons ont la propriété de se dissoudre dans l'eau. C'est donc basé sur ces théories, et en employant ces substances, que l'on parviendra facilement à enlever les taches de graisse ou d'huile qui pourraient se trouver sur des gravures.

On trouvera au chapitre IX de la troisième partie (*lavage et enlevage des taches produites par des corps gras*) le moyen d'enlever les corps gras à l'aide de l'essence de térébenthine. La benzine est aussi excellente pour enlever les taches d'huile.

1er MOYEN. — **Éther nitrique**.

Le premier moyen consiste dans l'emploi de l'éther nitrique, qui est un dissolvant; il faut employer ce dissolvant à chaud, c'est-à-dire préparé au bain-marie. Comne il est très inflammable, il ne faut s'en servir qu'avec de grandes précautions. Ce moyen est celui que nous employons de préférence quoiqu'étant le plus dispendieux, mais sa réussite infaillible nous l'a fait adopter.

Voici comment nous procédons : quelques gouttes d'éther sont versées sur la gravure à l'endroit même où se trouve la tache à enlever; l'évaporation du liquide ne tarde pas à se faire, on renouvelle alors cinq ou six fois l'opération, et en dernier ressort on fait tremper entièrement la tache dans le liquide, et cela pendant quelques moments. Lorsqu'elle a disparu, on lave à l'alcool, puis ensuite à l'eau de pluie pure. La partie grasse entièrement disparue, il ne reste plus qu'à plonger l'épreuve dans un bain de chlorure de chaux, comme nous l'avons indiqué au commencement de ce chapitre, pour le nettoyage ordinaire.

Nous conseillons la plus grande prudence dans l'emploi de l'éther; ce fluide très volatil est le produit, par distillation, de l'alcool avec un acide; il est très inflammable, et sujet à explosion par le mélange et l'agitation trop brusque d'acides concentrés et d'alcool.

2e MOYEN. — **L'alcali**.

Le deuxième moyen, qui ne le cède en rien au premier, a de plus, sur lui, l'avantage de l'économie; il consiste dans l'emploi pur et simple de l'alcali. C'est un puissant dissolvant, qui, en se combinant avec les huiles, en produit la neutralisation et les convertit en substances savonneuses, qui s'enlèvent parfaitement aux lavages à l'eau. Il suffit donc d'enduire la tache d'huile de quelques gouttes d'alcali mélangé d'eau, de laisser quelque temps ce liquide séjourner sur cet endroit, puis de laver à l'eau de pluie. La tache se trouve bientôt disparue par ce moyen. Pour terminer, on se sert du bain de chlorure de chaux et du lavage à l'eau ; l'estampe alors a repris sa première fraîcheur.

3ᵉ MOYEN. — **L'acide nitrique** (1).

Plus énergique que les deux autres, ce moyen est celui que nous conseillons le moins d'employer. Nous le donnons ici néanmoins comme complément des opérations. L'acide nitrique ou azotique s'obtient par la combinaison des gaz qui le composent. Il est généralement d'une couleur jaune, presque toujours accompagné d'acide sulfurique et hydrochlorique. Le pur au contraire est incolore et limpide comme l'eau. Il a une saveur âcre et excessivement acide, est très corrosif et produit sur la peau des taches jaunes qui ne disparaissent qu'avec l'épiderme. C'est un poison mortel, nous l'employons de préférence, uni à l'eau, pour laquelle il a beaucoup d'affinité ; il sert à enlever les taches d'huile.

Nous nous en servons dans les proportions suivantes : 10 grammes d'acide pour 100 grammes d'eau ; on y fait tremper la tache jusqu'à ce qu'elle soit disparue, ce qui ne tarde pas à s'opérer ; puis nous lavons à grande eau, ensuite nous passons au bain de chlorure de chaux pour blanchir. Rien de compliqué, comme on le voit, dans toute cette série d'expériences, qui ne demandent que du temps, de la pa-

(1) Ou bien l'acide muriatique.

tience, et surtout une grande précaution dans le maniement des papiers, pour ne point les déchirer ou les mettre en lambeaux.

L'amateur nous saura gré d'avoir décrit les trois manières successives, car si l'exécution de l'une lui fait défaut, il lui restera la seconde ou la troisième, qui ne lui manqueront jamais. Ces trois manières sont journellement employées par nous avec un entier et complet résultat.

CHAPITRE VII

DES TACHES D'ENCRE.

Pour enlever les taches d'encre on commence par mouiller entièrement la gravure avec de l'eau pure (le lavage à l'eau bouillante, bien entendu), puis, après quelques minutes, la retirant de l'eau sur le verre, on humecte sans frottement, avec un pinceau fort doux, l'endroit où se trouve la tache d'encre, avec une goutte d'une solution saturée d'oxalate de potasse (1) dissoute dans l'eau. On renouvelle cinq ou six fois cette opération, qui demande environ un quart d'heure ou une demi-heure au plus. La tache, par la présence de ce sel, se modifie beaucoup. Du noir intense qu'elle était, elle passe au ton rougeâtre ou couleur de rouille, suivant la nature et la composition de l'encre. C'est à ce moment et dans cet état que vous recouvrez votre gravure de la solution de chlorure de chaux (50 grammes dans un litre d'eau); vous l'y maintenez jusqu'à ce que la tache d'encre ait entièrement disparu. Alors vous lavez à pleine eau bouillante pour débarrasser la pâte du papier de l'estampe, du chlore qu'elle pourrait encore contenir, puis vous rincez à l'eau froide. Le tout se termine par le séchage que nous avons décrit précédemment.

Ces bains sont entièrement inoffensifs pour l'encre d'impression, ils ne l'attaquent nullement (2). Nous avons net-

(1) On peut remplacer l'oxalate de potasse par de l'acide citrique ou tartrique.

(2) N'opérant que sur l'encre ordinaire ou d'écriture.

toyé ainsi des gravures dont la finesse et le léger des demi-teintes étaient surprenants. Le mauvais état dans lequel elles se trouvaient nous forçant à les laisser séjourner plusieurs heures dans les bains et à des doses plus fortes, ce séjour n'avait en rien altéré la finesse des demi-teintes, ni amoindri de leur force.

C'est un procédé dont on peut se servir en toute confiance ; on est à même de se convaincre par un essai sur de mauvaises épreuves.

La teinte blanche que présente le papier, après son nettoyage, est quelquefois désagréable à l'œil pour celui qui est habitué à ne voir que de vieilles gravures ; mais il y a un remède, et s'il lui préfère un ton légèrement jaunâtre ou rousselet, ce ton s'obtient facilement en plongeant pendant quelques minutes l'épreuve au sortir du dernier lavage et avant qu'elle ne soit sèche, dans un bain fait avec de l'eau et de la chicorée. La teinte varie suivant la quantité, plus ou moins grande, de matière colorante que l'on y met.

En retirant la gravure de cette solution, on sèche comme à l'ordinaire.

CHAPITRE VIII

DES DÉCHIRURES ET DES PARTIES MANQUANTES.

Il est fort rare que dans de vieilles gravures il n'y ait point quelques faiblesses occasionnnées par le séjour prolongé dans les bains de lavage, quelques déchirures ou éraflures, voire même un coin de ciel ou de feuillage complètement enlevé ; ce qui a rendu le lavage fort difficile.

Il faut alors, quand la gravure a été complètement nettoyée, et débarrassée de toutes les taches qu'elle pouvait avoir, procéder à la réparation des parties manquantes.

Pour cela faire, on choisit un papier en tout conforme à celui de la gravure à réparer, ayant donc la même force, les mêmes vergeures, etc. : on pose ce papier au-dessous de la gravure, juste à l'endroit qu'il faut refaire, et l'on trace au crayon, sur ce papier, le plus fidèlement possible, le contour de la pièce à réparer. Enlevant ce papier, on a une espèce de carte de géographie donnant exactement la forme de la pièce à rapporter. On coupe cette pièce en suivant à un demi-centimètre de distance tous les contours, puis on l'applique de nouveau sous la gravure. Retournant le tout, on marque sur le dos de la gravure les contours extérieurs limitant la grandeur totale de la pièce. On use alors au papier de verre n° 0 les parties comprises entre la ligne extérieure de la déchirure de la gravure, et celle marquée au crayon pour en amener les bords à rien, puis on réitère cette opération sur la pièce à rapporter, mais alors en sens inverse, c'est-à-dire en partant de la ligne de crayon pour venir amincir le plus possible les contours extérieurs. Cette opération est exactement la même que celle décrite pour les pièces rapportées aux couvertures des livres (1). Ceci fait, il ne reste plus qu'à enduire de colle les deux parties des pièces à rajuster ensemble, en ayant soin de bien raccorder et faire prendre toutes les sinuosités marquées au crayon. On appuie avec l'extrémité du doigt pour faire adhérer les deux papiers; puis posant un papier propre sur le trou, on frotte fortement pour unir et marier ensemble ces deux papiers qui n'en font plus qu'un seul et même, dont les extrémités de la pièce sont complètement invisibles tant elles se fondent avec celles de la gravure. Il est superflu de dire que, pour cette dernière opération, on a placé la gravure sur un verre double pour avoir un corps solide résistant au frottement de la main. Toutes les parties détériorées ainsi raccordées et presque sèches, on passe sous la presse pour achever de rendre plus intime encore l'adhérence des deux papiers.

La gravure ainsi réparée ne présente plus aucun trou, mais elle est parsemée de taches blanches plus ou moins grandes, plus ou moins nombreuses suivant l'étendue et le nombre des dégâts réparés. Il n'y a plus qu'à les raccorder au noir, ce que nous allons indiquer dans le paragraphe concernant *la retouche des gravures*.

Il arrive quelquefois qu'une même gravure, indépendamment qu'elle a été déchirée, a été aussi pliée, et que dans ces plis irréguliers il s'est formé des déchirures imitant les dents d'une scie. On remédie à cet état de choses en collant derrière la gravure une bande de papier excessivement mince, une véritable pelure d'oignon sur laquelle on étend bien les dents les unes dans les autres, pour qu'il ne reste

(1) Voir 3e partie, chap. IV, p. 225, *Éraflures, écorchures*, etc.

aucun intervalle entre elles. Il est inutile de dire que malgré la finesse du papier les bords de la bande rapportée comme support derrière la gravure sont encore passés préalablement au papier de verre n° 0 ; car autrement, sous la pression, ils laisseraient apercevoir les traces de leur présence.

La déchirure par accroc ou patte d'oie, c'est-à-dire celle dont le papier, en se déchirant, s'est renfrogné sur lui-même, en formant des rides ou plis, se répare de la même façon, en bien retendant les plis ; on peut même se servir du fer à repasser pour les retendre davantage.

La simple *éraflure* ou écorchure se recolle après avoir été bien retendue.

Les trous de vers, les piqûres se rebouchent avec de la pâte de papier qui se fait suivant la formule indiquée au chapitre des recettes, et dont on se sert comme d'un mastic. On a soin, avant de l'employer, de former un fond de soutien au verso de la gravure en y collant un papier mince comme il vient d'être dit ci-dessus pour les déchirures formant dents de scie.

La pâte de papier peut se teinter suivant la nuance de celui à raccorder ; mais il est préférable selon nous de ne le faire qu'en restaurant la gravure ; car si elle était trop teintée dans les parties claires, ce serait une nouvelle tache que l'on formerait à la place du trou rebouché.

Raccord du dessin dans les parties restaurées et les pièces rapportées.

Dans ce genre d'opération, l'homme du métier disparaît complètement pour céder sa place à l'artiste, car de lui seul, c'est-à-dire de son talent, dépend la perfection plus ou moins grande de la retouche.

On harmonise la teinte du papier rapporté pour reboucher le trou de manière à ce qu'il n'y ait pas la moindre différence avec celle de la gravure, en le passant soit au bistre, au jus de réglisse noire, même au fusain estompé, y glissant au besoin une pointe de couleur à l'eau si cela est nécessaire pour obtenir un raccord parfait; puis on procède à la retouche du dessin, calquant sur une autre gravure la partie à refaire; on la redécalque ensuite sur l'estampe à réparer à l'aide d'un papier enduit de mine de plomb, interposé entre le papier-calque et celui qui doit recevoir ce dessin. Il faut une grande exactitude pour rétablir le dessin; copier fidèlement et bien exactement non seulement les contours, mais encore le moelleux, le gras, la finesse du trait du burin, ainsi que le nombre exact des tailles et des hachures; car c'est un véritable travail d'art et de patience.

L'encre de Chine, modifiée suivant la teinte de l'encre d'impression, remplit parfaitement l'office : il n'y a pour cela qu'à y ajouter, pour la teinter, un peu de couleur à l'aquarelle soit bleue, rouge, bistre ou sépia suivant la teinte désirée.

Lorsque l'on ne sait pas dessiner, on opère autrement : ayant à sa disposition une foule de gravures détériorées ou incomplètes, on choisit dans ces gravures celles dont les tailles se rapprochent le plus de celles à raccorder, et l'on obtient ainsi, en les découpaut et les collant, comme nous l'avons indiqué plus haut, des parties complètes de ciels, de rochers ou d'arbres, qui s'harmonisent parfaitement avec la gravure, quoique ne lui appartenant pas. Il faut user avec modération de ce procédé, car ainsi restaurée une gravure perd presque complètement sa valeur.

CHAPITRE IX

Une des conditions essentielles pour la conservation des estampes consiste à les placer dans une pièce maintenue toujours au même degré de température. Les excès leur sont contraires et compromettent leur existence.

L'humidité engendre la moississure des papiers, de même que la trop grande chaleur favorise l'éclosion des larves et des vers qui le rongent.

Les encadrements sont encore à surveiller, l'estampe ne doit jamais toucher directement au carton, qui, lui, contient une foule de matières se désagrégeant au contact de l'humidité et forment des taches sur l'épreuve. Ce sont généralement des taches de rouille, car le carton contenant toujours des parcelles de fer, qui, absorbant l'humidité, se décomposent en matière roussâtre, pénètrent la gravure avec laquelle elles se trouvent directement en contact.

Il faut, pour obvier à cet inconvénient, intercaler entre l'estampe et le carton une feuille de papier métallique (le papier de plomb comme on enveloppe le chocolat par exemple la protégerait de tout contact insalubre).

Le verre des encadrements doit recevoir intérieurement, dans sa feuillure, une bande de papier collée empêchant l'air, la fumée et la poussière de pénétrer sur la gravure. Pour les mêmes causes, le carton servant de fond doit se relier à l'encadrement par une bande de papier collée à cheval sur les deux.

Le soleil et la trop grande lumière pâlissent à la longue les grands noirs d'une épreuve, aussi convient-il mieux de laisser les gravures dans des cartons.

Lorsqu'elles sont renfermées dans des cartons, il faut éviter toute poussière, leur faire prendre de temps en temps l'air de l'appartement dans lequel elles se trouvent en les feuilletant toutes.

Ce qu'il faut éviter par-dessus tout, c'est d'y introduire des épreuves humides, des gravures qui n'auraient pas séjourné au moins deux ou trois jours dans l'appartement, car leur contact avec les autres deviendrait inévitablement une menace pour elles.

C'est grâce à ces précautions faciles à prendre, que l'on arrivera à mettre à l'abri et à conserver intactes de toute souillure ces précieuses richesses que souvent l'or ne peut remplacer et que le temps seul, la persévérance et la sagacité ont aidé à rassembler.

CHAPITRE X

La gravure sur cuivre et la gravure sur bois furent connues presque en même temps en Allemagne, en Italie et en
Hollande. 1440 est la date la plus reculée qui marque son
origine.

Les Italiens, de leur côté, attribuent cette découverte.
ainsi que les procédés d'impression, à un orfèvre de Florence du nom de Maso Finiguerra.

Les progrès dans cette science ne se firent bien réellement sentir que sous le burin des Mantègna, Marc Antoine,
Albert Durer, etc. L'art de la gravure dans les mains de tels
maîtres ne tarda pas à être porté à un haut degré de perfection.

Parmi tous les arts d'imitation il ne s'en rencontre aucun
dont l'utilité puisse être comparée à celle de la gravure ;
elle nous rend les objets et les choses en quelque sorte
palpables à la vue, nous familiarisant avec les formes ; de
plus, elle a l'extrême avantage d'une reproduction à l'infini : sa supériorité est encore incontestable sur la peinture,
en ce qu'elle multiplie et perpétue le souvenir de créations
uniques qui, la plupart du temps, sont exposées à la détérioration ou à la ruine : témoins ces tableaux et ces fres-
ques, dont le souvenir ne nous serait jamais parvenu sans
cette sublime et merveilleuse invention, si la gravure, par
ses procédés multiples, ne les avait arrachés à la nuit des

temps et, par ses reproductions fidèles, n'en eût perpétué le souvenir.

L'étude des beaux-arts, et en particulier la peinture, réclame des dispositions naturelles, que l'éducation et l'instruction grandissent et développent, la connaissance des gravures n'exige que de l'expérience et du goût, pour former ce que l'on appelle l'amateur ou collectionneur.

Moins dispendieuse que la peinture, sa sœur aînée, la gravure est pour ses heureux possesseurs un précieux délassement. Sa présence, sa vue, embellit et charme les loisirs ; jeunes et vieux y puisent fort souvent d'utiles enseignements, d'agréables leçons. Faisant renaître le passé, elle sait aussi rapprocher les distances. Elle nous retrace les grandes scènes historiques, les bizarres et tragiques événements dont le monde entier a été le théâtre ; enfin, elle nous fait connaître les œuvres de génie des grands maîtres qui nous ont précédés et dont les productions se trouvent disséminées dans les Musées ou dans les collections particulières.

Comme on le voit, la gravure réunit en elles tous les avantages : sa vue réitérée forme et grandit le goût.

CHAPITRE XI

Immédiatement après la liste des noms des principaux graveurs, nous avions eu l'intention de publier quelques-uns des monogrammes qui ont servi à désigner leurs œuvres ; mais le travail sérieux auquel nous nous sommes livré n'a abouti qu'à faire échouer notre projet. L'indécision et le doute sont tellement grands à cet égard qu'il est presque impossible de citer certaines marques ou monogrammes sans former des hypothèses fausses ou erronées.

Du reste, tous les auteurs que nous avons consultés à cet égard sont, en bien des points, en désaccord complet les uns avec les autres.

Nous citerons l'ouvrage de M. Christ, intitulé *Dictionnaire des monogrammes des graveurs anciens sur bois et en taille-douce*. Très bien fait par lui-même, ce travail, fort important, est vivement combattu par M. de Marol, qui prétend que M. Christ a écrit trop en faveur de l'Allemagne et que son patriotisme lui a fait attribuer des marques d'origine reconnues bien françaises à des graveurs allemands.

Le traité de M. Le Comte, intitulé *Cabinet d'architecture, de peinture, sculpture et gravure* (3 vol. in-12), n'est pas plus heureux que le précédent. L'ouvrage de M. Papillon, *Traité historique et pratique de la gravure sur bois* (2 vol., 1766),

donne une foule de marques qui sont entièrement en désaccord avec les autres.

Ad. Siret, dans son *Dictionnaire des peintres de toutes les écoles*, n'en donne lui-même que quelques-uns.

Quels sont ceux qui se tiennent dans la limite du juste? Nous laissons à nos lecteurs le soin de se prononcer. Pour nous, il est un fait évident qui se dégage de nos recherches : c'est qu'il est impossible de se reconnaître dans cette agglomération d'hiéroglyphes qui ont varié à l'infini. Ainsi, par exemple, nous avons trouvé des graveurs qui ont eu de 25 à 30 monogrammes différents, puis ensuite d'autres qui, à leurs initiales, ont joint celles de leurs éditeurs. Quelquefois encore, la marque ne représente que le nom de ce même éditeur, qui, lui aussi pour la compliquer, ajoute la première et la dernière lettre du nom de la ville qu'il habite. Ensuite vient la contrefaçon des graveurs entre eux.

Marc Antoine n'a-t-il pas contrefait Albert Durer et signé de son monogramme, contrefaçon qui fut à cette époque le sujet d'un grand procès?

Comme on le voit par ce court exposé, dans le doute, nous avons préféré nous abstenir plutôt que de venir encore, par des erreurs nouvelles, compliquer une science si obscure déjà par elle-même.

Puisque nous avons parlé de la gravure, de son origine et de son utilité, que nous avons indiqué si longuement la glorieuse pléiade des graveurs qui se sont distingués, il est de notre devoir d'entretenir maintenant nos lecteurs sur les différentes manières et procédés qui ont caractérisé chaque genre.

L'amateur ou collectionneur ne peut du reste se livrer avec fruit à l'étude ou à l'acquisition des estampes sans connaître les différents caractères qui les distinguent entre elles.

La gravure se divise en plusieurs genres, que l'on peut définir ainsi :

1° La gravure sur bois ou en taille de bois ;

2° La gravure au burin ou en taille-douce ;

3° La gravure à l'eau-forte ;

4° La gravure en manière noire ;

5° La gravure au pointillé ;

6° La gravure en manière de crayon ;

7° La gravure au lavis ;

8° La gravure en couleur.

CHAPITRE XII

DE LA GRAVURE SUR BOIS.

L'origine de la gravure sur bois remonte à la plus haute antiquité. En Europe elle ne fut connue que vers le quin-

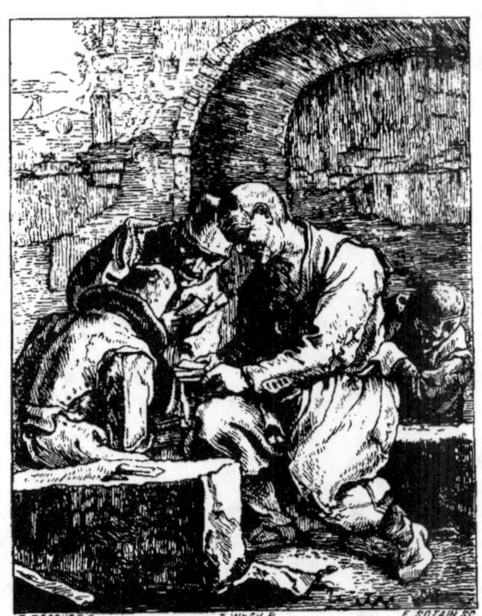

Fig. 21. — Les joueurs de cartes, d'après Wyck (*gravure sur bois*).

zième siècle ; mais cet art ne s'est montré dans un jour favorable que vers le commencement du seizième siècle, avec les Albert Durer et les Marc Antoine.

Les premières estampes furent faites sur des planches de bois, gravées au simple trait.

Ce ne fut que vers 1500 que parut le genre appelé camaïeu ou clair-obscur.

Les bois que l'on employait, pour ces sortes de gravures, étaient les bois de poirier, de pommier et cormier.

Après les avoir disposés pour entrer dans les formes de l'imprimeur, on les dressait et on les polissait. Une fois leur surface bien plane, le dessin y était tracé à l'encre, puis le graveur s'en emparait pour en dégager le trait à l'aide d'outils fort tranchants. Il creusait et enlevait le bois dans les intervalles entre les différentes tailles. Les parties creuses formaient les lumières de l'estampe. Les traits et les hachures, réservés en saillie, donnaient les contours du dessin et sa forme.

Leur rapprochement plus ou moins grand, plus ou moins gros, formait les demi-teintes et les ombres. Ce procédé prenait le nom de gravure sur bois en taille d'épargne ; il exigeait une grande habileté de la part du graveur. La gravure en creux est plus ancienne que la gravure en relief.

Pour la description entière des procédés, nous engageons les amateurs à recourir au traité de gravure sur bois de M. Papillon, ou à l'ouvrage d'Abraham Bosse sur les différentes manières de graver.

La figure ci-contre donne une idée fort exacte de ce qu'est la gravure sur bois.

Aujourd'hui on se sert pour la gravure de bois de buis, dont la finesse des tailles égale, comme pureté, chez certains artistes, celle de la taille-douce.

CHAPITRE XIII

DE LA GRAVURE AU BURIN EN TAILLE-DOUCE.

Le cuivre est la matière employée pour la gravure au burin (1), et l'ouvrier qui l'exécute ne prend le titre de graveur que lorsqu'il opère sur le cuivre à nu, c'est-à-dire sans le secours de l'eau-forte.

Le cuivre, bien plané, est recouvert d'un vernis léger, sur lequel se trace le trait du dessin ou tableau que l'on se propose d'y graver. Lorsque ce tracé est bien établi, à l'aide d'une pointe coupante on enlève le vernis.

Le burin alors commence son office.

L'emploi de cet outil exige une main sûre et légère, une connaissance approfondie du dessin, du clair-obscur, des lumières et des ombres, ainsi que de l'expression du caractère extérieur des objets.

C'est à l'aide de tailles et de points disposés avec art et génie que s'obtiennent les différentes formes et le modelé du modèle. Une taille spéciale est affectée à chaque chose. Les objets lisses et unis sont autrement dessinés et ombrés que ceux rudes et graveleux ; le brillant est touché autrement que le mat, et l'on peut, sans crainte de trop s'avancer, dire qu'il faut pour chaque sujet, chaque nature de chose, une manière particulière dans le travail : c'est là précisément que réside la partie la plus difficile de l'art, celle

(1) Le burin est un outil en acier parfaitement trempé qui affecte différentes formes, losange, carrée, ovale, etc.

FULVIE

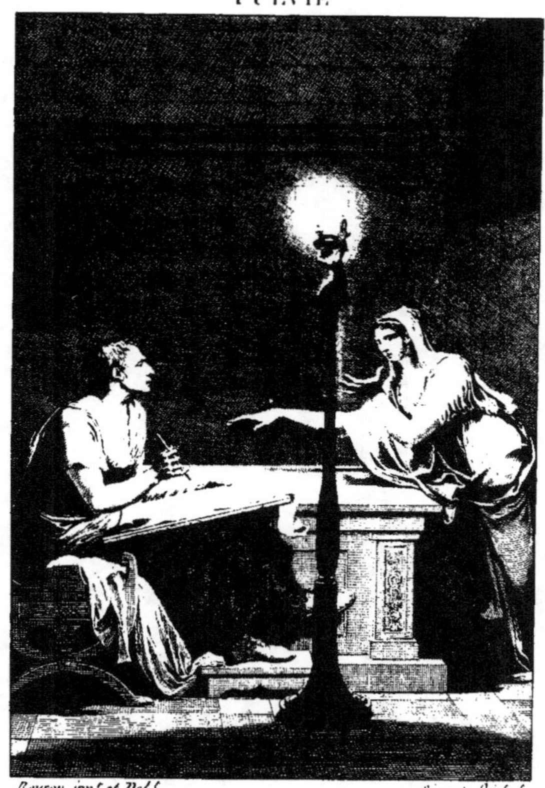

Reuron inv. et Del.
Simonet Sculp.

qui exige le plus d'étude et de savoir, la plus grande part de talent.

Ce genre de gravure prend ainsi le nom de gravure en taille-douce.

La gravure au burin est la plus ancienne et en même temps la plus recherchée à cause de ses résultats. Il est bien rare cependant que, de nos jours, le burin soit employé seul : les graveurs ont l'habitude de préparer et d'avancer le travail de leurs planches à l'eau-forte et de les terminer ensuite à l'aide du burin.

On n'obtient qu'à force de persévérance et de travail le maniement du burin ; c'est un métier en même temps qu'un art. La manière dont on se sert du burin constitue seule le côté artistique et fait la réputation de celui qui l'emploie. Ce n'est qu'à la suite de longues et pénibles études que l'on devient familier avec cet outil, qui sur le cuivre remplace le crayon.

CHAPITRE XIV

GRAVURE A L'EAU-FORTE.

Le cuivre rouge replané est la matière employée pour la gravure à l'eau-forte ; il se trouve dans le commerce tout préparé pour les besoins de l'artiste.

La gravure à l'eau-forte n'est autre chose qu'un dessin fixé sur le métal par la morsure d'un acide. La première préparation que l'on fait subir à la planche consiste à la dégager de tout corps gras, puis ensuite à la recouvrir d'un vernis noirci par la fumée. (Voir sa composition à la fin de ce volume au chapitre des différentes recettes.)

Le dessin est tracé sur le cuivre ainsi préparé. A l'aide d'une pointe on effleure le métal sans l'entamer. (On ne fait, bien entendu, qu'enlever le vernis avec la pointe.)

Après avoir modelé les chairs, détaillé les draperies, les accessoires, les fonds, avec autant de touches différentes, de points plus ou moins gros, de traits plus ou moins distancés, selon que l'on veut obtenir une épreuve pâle ou vigoureuse, il ne reste qu'à faire mordre ce travail par l'eau forte ou *acide nitrique*, dont la propriété est de ronger toutes les parties du métal mises à nu par le travail de la pointe. Le corps gras du vernis protège le cuivre de la morsure de l'acide dans tous les endroits qui n'ont pas été attaqués par l'outil. La planche est pour cette opération bordée de cire à modeler, sur tout son pourtour, de manière à former cuvette. C'est, ainsi préparée, qu'elle reçoit l'eau-

forte, dont le degré de force est calculé suivant la morsure
que l'on désire obtenir. On couvre de liquide à la hauteur
environ d'un centimètre ; il se produit alors un bouillonne-
ment qui dégage de petites bulles d'air, indice certain que
l'acide opère sur le cuivre. On surveille alors attentivement,
et dès que les touches tendres des lointains commencent à
s'attaquer, il est temps de cesser l'opération. On renverse
immédiatement l'eau-forte de la planche, puis on procède à
un lavage à grande eau pour enlever l'excès d'acide. On recouvre les parties suffisamment mordues d'une mixtion
composée d'huile, de suif et de cire. On renouvelle l'opération de la morsure et du lavage sur les parties non encore
suffisamment attaquées. Il ne reste pour terminer qu'à
dégager la planche du vernis dont on l'avait recouverte
préalablement, ce qui s'obtient facilement à l'aide de l'essence de térébenthine. En cet état elle est bonne à passer au
tirage des épreuves.

La gravure à l'eau-forte, par la relation intime et rapide
qu'elle établit entre la main de l'artiste et sa pensée, est,
comme le dit M. Maxime Lalanne dans son traité (1), le plus
naturel des interprètes et le plus sincère. A ces conditions,
elle honore l'art dont elle est une branche glorieuse.

Ce genre de gravure, que l'on peut varier à l'infini et pour
lequel il n'est nullement besoin de suivre d'autres règles
que celles du génie, de la fantaisie ou du caprice, devient
entre les mains du peintre un puissant moyen pour reproduire
au vif sa pensée avec tout ce qu'elle a de fin et de spirituel.

(1) Nous conseillons aux amateurs, pour plus amples détails, de consulter l'excellent *Traité de la gravure à l'eau-forte* par M. Maxime Lalanne, ou le nouveau *Traité de la gravure à l'eau-forte* de A. P. Mar-
tial, dont toutes les planches à l'eau-forte indiquent d'une manière si
précise toutes les opérations à exécuter.

CHAPITRE XV

Ce genre de gravure, appelé *mezzo-tinto* par les Italiens et les Anglais, date de 1611. Il a été pratiqué avec un grand succès en Angleterre. Il se rapproche beaucoup, par ses effets, du dessin au lavis. On l'exécute sur des plaques de cuivre entièrement recouvertes d'une teinte uniformément grenue, obtenue à l'aide d'un outil d'acier nommé berceau, de forme circulaire, armé de petites dents très fines. On le passe et repasse constamment sur la plaque de cuivre jusqu'à ce que l'on ait obtenu une surface d'un grain égal et velouté partout. Indépendamment de la longueur, ce procédé offre encore de grandes difficultés.

On dessine le trait au crayon ou à l'encre de Chine ; les parties éclairées sont ramenées en grattant et écrasant le grain avec des outils nommés grattoirs de manière à ne le laisser pur que dans les touches les plus fortes.

On commence d'abord par les lumières, en dégradant peu à peu vers les demi-teintes.

Cette gravure, d'une impression difficile, convient bien à la représentation des effets artificiels, tels que celui d'une lampe, d'une bougie, du feu ; elle est excellente pour la représentation des effets de nuit. Son défaut est d'être un peu molle et de n'être pas susceptible de recevoir les touches fermes et hardies qui caractérisent si bien la gravure à l'eau-forte.

L'effet général produit par ce genre de gravure fut si bien imité par Rembrandt, dans ses eaux-fortes, il croisa et multiplia si bien ses tailles, qu'il surpassa en vigueur et en effet ce qui a paru de plus éclatant en la manière noire.

CHAPITRE XVI

GRAVURE AU POINTILLÉ.

La gravure au pointillé date du commencement du
XVIIe siècle. Ce n'est, à proprement parler, qu'un mélange
de burin et d'eau-forte, une série ou agglomération successive de points, qui, par leur plus ou moins grand rapprochement et leur plus ou moins d'épaisseur, forment des
ombres et des demi-teintes. Les contours du dessin, au lieu
d'être déterminés par un trait, le sont par une suite de
points ronds plus ou moins gros. Dans les parties se rapprochant de la lumière et dans la lumière elle-même ces
points se font au burin ou à la pointe; ils se fondent mieux
qu'à l'eau-forte et ont, de plus, l'avantage d'une grande
finesse. Les tailles ou hachures sont entièrement proscrites
de ce genre de travail; ce n'est qu'à de rares exceptions,
dans le paysage, pour représenter des parties rugueuses et
ardues, qu'elles ont été employées.

Le pointillé a été appliqué aux chairs, aux paysages;
mais son plus grand succès a été dans les vignettes et les
fleurs. Les Anglais se sont particulièrement distingués dans
ce genre de gravure, qui devint fort à la mode.

Citons parmi les plus habiles praticiens les Bartolozzi,
les W. Ryland, etc.

Le talent de tous ces artistes n'a pu combattre une certaine
mollesse et une froideur inhérentes à cette manière si longue,
qui s'obtient plus par le travail manuel que par le génie.

CHAPITRE XVII

GRAVURE EN MANIÈRE DE CRAYON.

1740 est la date de l'invention de ce procédé, découvert par un nommé François, graveur en taille-douce, et perfectionné par Desmarteaux.

C'est encore sur le cuivre, recouvert d'un vernis, à l'aide de l'eau-forte et d'une pointe divisée en plusieurs parties inégales que l'on tourne entre les mains en traçant le trait, que l'on obtient ce genre de gravure, qui imite les accidents et les irrégularités que le grain du papier forme dans le dessin au crayon. Les hachures, dans les parties ombrées, se font avec cette même pointe, ou bien encore avec une roulette formée d'un cylindre d'acier plus ou moins large, suivant la force des tailles que l'on désire obtenir. Ce cylindre, dont la surface est dentelée, se trouve monté sur un axe autour duquel il tourne facilement. Posé et promené avec adresse sur la planche, il donne, en appuyant plus ou moins fortement, toute une série de tailles pointillées, imitant assez bien les hachures d'un dessin sur papier.

L'emploi du maillet dentelé se fait dans les parties pleines.

Ce genre de gravure ne s'appliquait guère qu'aux modèles de dessin; il est maintenant remplacé avec grand avantage par la lithographie.

CHAPITRE XVIII

Ce procédé, auquel les Anglais ont donné le nom d'aquatinte, consiste à laver sur cuivre, au moyen de l'eau-forte et du pinceau, de la même manière qu'on le fait à l'encre de Chine sur le papier.

Ce genre de gravure rentre entièrement dans le domaine de la peinture. Celui qui le pratique peut imprimer à son œuvre le caractère particulier qui lui est propre ; il peut transmettre au cuivre ses inspirations dans toute leur force. Les épreuves obtenues par ce procédé sont, à vrai dire, autant d'originaux créés par le peintre.

Le trait se fait, comme pour la gravure à l'eau-forte, sur le cuivre recouvert de vernis.

On nettoie ensuite la planche pour procéder sur le cuivre nu. Les parties du dessin qui doivent rester blanches sont recouvertes d'une couche de vernis de Venise (1). On borde à la cire, et le travail est recouvert d'une couche d'eau-forte additionnée d'eau (environ deux millimètres d'épaisseur). Le cuivre se trouve alors attaqué sur toute son étendue, ce qui lui donne comme résultat une teinte unie et faible, sauf dans les parties recouvertes. On lave à grande eau. Les demi-teintes que l'on désire conserver, sont recouvertes de vernis; l'opération se recommence deux ou trois fois pour

(1) Vernis composé d'essence de térébenthine de Venise, d'huile d'olive et de noir de fumée.

obtenir des teintes de plus en plus foncées, mais douces et plus lourdes.

Pour fortifier les teintes et leur donner de l'harmonie, après nettoyage du cuivre, on les recouvre avec un tampon d'une couche de liqueur composée à parties égales de sucre et de savon dissous dans cinq parties d'eau, ensuite d'une autre couche de résine réduite en poudre très fine, que l'on fait passer au tamis pour la répandre également partout, après quoi on fait une espèce de vernis poreux en faisant chauffer légèrement la planche, de manière à faire fondre la résine sans la brûler. Les vides occasionnés par la fonte de la résine forment un grain égal que creuse l'eau-forte très faible.

Il faut une grande attention, une longue habitude, pour ne pas s'exposer à perdre en un instant tout le fruit de son travail.

CHAPITRE XIX

Ce procédé dérive, en quelque sorte, de la manière noire ; il imite assez bien la peinture. Formé par la répétition successive de planches affectées à des couleurs différentes, il produit, par leur réunion, tout un ensemble à la fois agréable et harmonieux. Toutes les planches sont grenées à l'avance. La première planche ne porte que le noir, elle sert à tous les tons foncés du tableau et à toutes les teintes grises. C'est en quelque sorte une espèce de lavis à l'encre de Chine. La planche au bleu vient ensuite ; combinée avec le noir, elle donne une couleur noire et bleue, passant successivement par toutes les gammes des tons gris bleu. La troisième planche, qui est le jaune, se combinant avec les deux précédentes, forme toute la série des jaunes et des verts clairs, d'olive, vert-brun et brun foncé. La quatrième planche fournit les tons rouges, qui forment les couleurs pourpres, orangées, brun-rouge, terre de Cologne.

Au nombre des graveurs qui ont le mieux réussi dans ce genre, il faut citer les Ploos, Van Amstel, Édouard Dagotti, Alexandre Delaborde, etc.

CHAPITRE XX

GRAVURE SUR ACIER.

Pour compléter l'exposé des divers procédés de gravure, il ne nous reste plus qu'à donner maintenant un aperçu des nouveaux procédés employés de nos jours, et qui sont la gravure sur acier et la lithographie au crayon.

La première, la gravure sur acier, nous vient de l'Angleterre. On décarbure l'acier pour le rendre assez tendre et permettre au graveur le maniement du burin. Le travail terminé, on lui rend sa dureté primitive. Le vernissage est le même que celui de la gravure sur cuivre; la morsure se fait aussi à plusieurs reprises. Le burin, en dernier lieu, achève la gravure de la planche qui peut, pour un tirage ordinaire, fournir de 35,000 à 40,000 épreuves sans altération. C'est là, surtout, le côté précieux de cette nouvelle découverte, dont la finesse et le moelleux ne laissent rien à désirer.

CHAPITRE XXI

C'est à Aloys Senefelder, né à Prague, en 1771, que revient l'honneur de la découverte de la lithographie. Sa théorie entière repose sur l'affinité qu'ont les corps gras ou résineux pour les substances de même nature, et leur répulsion pour l'eau. Il résulte de cette donnée, qu'un trait gras ou résineux apposé sur une pierre calcaire y adhère avec une telle force, qu'il faut des réactifs violents pour l'en effacer, et que sa répulsion prononcée pour l'eau ne lui permet de séjourner qu'aux endroits non imprégnés de graisse; qu'enfin, si l'on passe sur cette pierre un rouleau enduit d'une couleur grasse ou résineuse, cette couleur s'attachera aux traits graisseux ou résineux et sera repoussée par les parties mouillées. Ces parties grasses sont fixées sur la pierre à l'aide du crayon ou encre lithographique dont la base est composée de :

Cire jaune,
Savon,
Suif,
Gomme laque,
Térébenthine de Venise,
Nitrate de potasse,
Eau distillée,
Noir de fumée.
Nous n'entrerons nullement dans la description des pro-

cédés que tout le monde peut connaître tout au long, en con-
sultant les ouvrages spéciaux relatifs à cet art, et qui ne
peuvent entrer dans un cadre aussi restreint que celui de
notre ouvrage. Il nous suffira de dire seulement que la lithographie, considérée sous le rapport de l'art, a un grand
avantage sur la gravure en taille-douce, en ce qu'elle
exige moins d'étude, et qu'indépendamment du bon marché,
elle peut lutter et soutenir avec avantage la comparaison
avec les anciens procédés. Elle se prête à tout, imite tous
les genres, tous les procédés, depuis la gravure sur bois, le
lavis, l'eau-forte, la manière noire, le pointillé, le burin, la
pointe sèche, la plume, le crayon, jusqu'à la chromo-litho-
graphie ou imitation des tableaux à l'huile.

Pour citer les noms des artistes qui se sont distingués
dans l'art du dessin lithographique, il faudrait rappeler ici
ceux de tous les dessinateurs de profession, ainsi que ceux
de presque tous les peintres célèbres de nos jours, qui se
sont occupés de cet art, que l'Allemagne, il nous faut l'a-
vouer, a pratiqué bien avant nous.

CHAPITRE XXII

GILLOTAGE OU PANICONOGRAPHIE.

Le gillotage consiste à reporter sur une plaque de zinc planée et polie l'épreuve d'un dessin lithographié, autographié ou gravé, puis à faire mordre cette épreuve avec de l'acide nitrique fortement étendu d'eau. On fait différentes morsures; après la première, qui doit être très légère, on retire la planche que l'on débarrasse au pinceau des sels qui y seraient restés, puis, chauffant la plaque, on encre de nouveau au rouleau de lithographe, on étend une nouvelle couche de résine, et la morsure recommence, mais plus énergique et plus prolongée. Une fois terminé, on fixe ce cliché sur bois.

La figure ci-jointe donne un spécimen des épreuves obtenues d'après ce procédé.

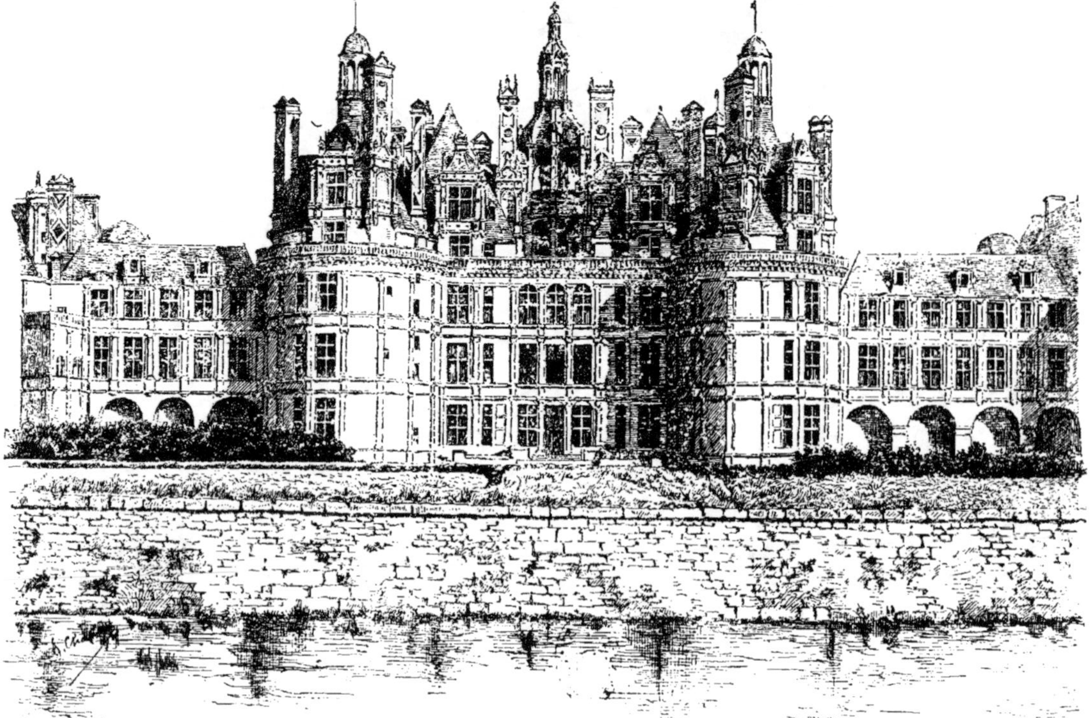

Fig. 22. — Château de Chambord. (Extrait des *Fleuves de France :* LA LOIRE. H. Laurens, éditeur.)

CHAPITRE XXIII

LISTE PAR ORDRE ALPHABÉTIQUE DES PRINCIPAUX GRAVEURS ET
AQUAFORTISTES.

Il sera peut-être agréable à nos lecteurs de connaître le
nom des principaux graveurs dont les œuvres sont en
haute estime parmi les collectionneurs. L'embarras de
savoir si tel ou tel graveur est en renom, si ses œuvres
valent réellement la peine d'être collectionnées, nous a
déterminé à rechercher, parmi les graveurs et aquafortistes,
ceux dont les productions sont les plus estimées, et dont
les ventes aux enchères publiques ont consacré le talent et
la réputation.

Aldegrever, Henry, élève d'Albert Dürer.

Aliamet, François-Germain (travailla d'après les anciens
    maîtres).

Almeloven, Jean (eaux-fortes).

Altedörfer (élève d'Albert Dürer).

Anderloni (graveur d'après les tableaux de Poussin).

Andréani, André (estampes très recherchées).

Anselin, Jean-Louis.

Aquila, Pierre-François (graveur, d'après Annibal Carra-
    che).

Ardell, James-Mac (graveur en manière noire).

Augustin de Saint-Aubin (graveur sur pierre).

Audenaert (Van).

Audouin, Pierre (a gravé d'après le Corrège).

Audran, Gérard (graveur d'histoire).

Aveline, Pierre (graveur de paysage d'après Berghem, etc.).

Avril, Jean-Jacques (graveur d'histoire et genre).

Baldini, Bacio (graveur sur cuivre, vignettes).

Balechou, Jean-Jacques (graveur d'après Rigault, Vernet, etc.).

Balliu (De), Pierre (graveur d'après Rembrandt).

Ballard, Louis-Pierre (graveur à l'eau-forte, paysage).

Banzo (graveur d'après Raphaël).

Baquoy (graveur d'après Lesueur, Monsiau, Gérard, etc.).

Bartolozzi, François (graveur au burin, au pointillé, à l'eau-forte).

Bas (Le), Jacques-Philippe (graveur d'après Teniers, Joseph Vernet, etc.).

Baudet, Étienne.

Bauduin, François (a gravé d'après Van Der Meulen).

Beaugean (graveur, marines).

Berghem, Nicolas (graveur à l'eau-forte, animaux, paysages).

Barlow (graveur à l'eau-forte).

Boucher (graveur à l'eau-forte).

Bléry (graveur à l'eau-forte).

Beauvarlet, Jean-Firmin.

Beauvais, Nicolas-Dauphin (graveur d'après Poussin, Lesueur, Van Dyck).

Beham, Hans Sebald.

Beisson, François-Joseph-Étienne (graveur d'après Raphaël).

Belle (De la), Étienne (graveur, paysage, chasses, tournois, etc.).

Bénazech, Pierre-Paul (graveur de marines et paysages).

Bence (graveur à l'eau-forte, vues d'Italie).

Bervic, Charles-Clément (graveur d'après le Guide, Callet, Regnault, Mériméo, etc.).

Belellini, Pierre (graveur d'après Raphaël, Gentileschi, Rehberg, etc.).

Binck, Jacob.

Biscanio, Barthélemy (graveur à l'eau-forte).

Bisi (graveur d'après Raphaël).

Bloemaert, Corneille (graveur d'après Raphaël, le Guerchin, etc.).

Blotting, Abraham (graveur à la pointe et au burin).

Blot, Maurice (graveur d'après Poussin, Guérin, etc.).

Bocholt (Van), François (graveur au burin sur cuivre).

Bœl, Pierre (graveur d'animaux).

Boissieux (De), Jean-Jacques (graveur de paysage).

Bol, Ferdinand (graveur à l'eau-forte).

Bolswert, Schelte (graveur de portraits, histoire, paysages, d'après Rubens, Van Dyck, Jordaens, etc.).

Bonato, Pierre (graveur des maîtres italiens).

Bonasoni ou Bolognèse, Jules.

Boss, Abraham (graveur d'architecture).

Both (graveur à l'eau-forte).

Boticello, Sandro.

Bouillard, Jacques (graveur d'après Mignard, Poussin, etc.).

Bouillon (graveur à l'eau-forte),

Boulanger.

Bourdon, Sébastien (graveur d'après ses dessins).

Bourgeois, Florent-Fidèle-Constant (graveur à la pointe).

Bourgeois, Eugène (élève de Wille).

Boutrois, Philibert (graveur d'après Rembrandt).

Bovinet (graveur d'après les tableaux des grands maîtres).

Breenberg, Bartholomé (graveur à l'eau-forte).

Brebiette, Pierre.

Brown, John (graveur de paysages).

Bruyn (De), Nicolas (graveur d'après ses compositions).

Bry (De), Théodore (graveur de portraits).

Bry (De), Marc (graveur d'animaux).

Byrne, Guillaume (paysages).

Callot, Jacques (graveur à l'eau-forte).

Camerata, Joseph (artiste de talent, a gravé pour la galerie
    de Dresde).

Canaletti (graveur à l'eau-forte).

Canot, Pierre-Charles (graveur, paysages et marines).

Cardano, Philippe.

Carmona, Emmanuel-Salvator (graveur au burin).

Caroni (graveur d'après Raphaël).

Carrache, Augustin, et Annibal (graveurs à l'eau-forte).

Cars, Laurent (graveur d'après Lemoine, Vanloo, Boucher).

Castiglionne (De), Benedette.

Chasteau, Guillaume (graveur, portraits, histoire, paysages).

Chastillon, Louis.

Chateigner, Dominique-Eustache (eaux-fortes).

Chatillon, G. (graveur d'après Girodet, Guérin, Poussin).

Chauveau, François (graveur à la pointe).

Chéreau, François (graveur au burin, portraits).

Chéron, Louis (graveur, histoire).

Chodowiecki, Daniel (graveur de vignettes).

Choffard, Pierre-Philippe (graveur de vignettes).

Claessens, L.-A. (graveur d'après Rubens, Rembrandt, Mi-
    chel-Ange, etc.).

Claude Lorrain (graveur à l'eau-forte).

Clemens, Jean-Frédéric (paysages).

Clerc (Le), Sébastien (paysages).

Clouet, Pierre (graveur, genre de Pontins).

Cochin, Nicolas-Charles (graveur à la pointe, au burin,
    portraits et vignettes).

Coing, Jacques-Joseph.

Collyer, Joseph (graveur au pointillé).

Coqueret, Charles-Pierre (graveur d'après Teniers et Vernet).

Cordier, Robert; Cordier, Louis (graveurs de géographie, vignettes).

Corneille, Michel (graveur à l'eau-forte).

Cort, Corneille.

Couché, Jean (paysages).

Couppé (graveur au pointillé).

Coypel, Antoine (graveur à l'eau-forte).

Cunego, Dominique (graveur d'après les maîtres italiens).

Cuyp (graveur à l'eau-forte).

Dague, Victor.

Danzel, Jacques-Claude (graveur d'après Fragonard, Boucher, Greuze).

Danzel, Eustache.

Delen (Van), Corneille (graveur de portraits).

Dambrun.

Daudet, Jean-Baptiste (graveur de paysages et marines).

Daullé, Jean (graveur de portraits).

David, Anne-François (graveur d'histoire et portraits).

Debucourt, Louis-Philibert.

Delaporte, J.-J. (graveur à l'eau-forte, architecture).

Delanoy, Nicolas-Robert (vignettes).

Delatre (graveur, vignettes).

Demarteau, Gilles (graveur dans le genre du crayon).

Dennel, Louis, et Nicolas-Joseph.

Dequevauviller, François (graveur de paysages, d'après Berghem et les maîtres flamands).

Desnoyer, Auguste-Gaspard-Louis-Boucher.

Desplaces, Louis (graveur d'après Jouvenet).

Devillier frères (graveur de vignettes et paysages).

Dickinson, William (graveur en manière noire).

Dien, Jean-Baptiste (graveur de portraits).

Dietrich, Chrétien-Guillaume-Ernest (graveur à l'eau-forte).

Dissard (graveur au pointillé).

Dorigny, Nicolas (graveur, pointe et burin).

Dossier, Michel.

Drevet, Pierre (gravure fine et précieuse).

Duchange, Gaspard (graveur d'après le Corrège).

Duflos, Charles (graveur à la pointe et au burin).

Dunkarton, Robert (graveur en manière noire).

Dufour, Pierre-Charles-Nicolas.

Dujardin, N. (graveur à l'eau-forte).

Duparc.

Duplessi-Bertaux, Jean (graveur à l'eau-forte).

Duprcel, Jean-Baptiste-Michel (graveur d'après les maîtres
    italiens.

Dupuis, Charles et Nicolas (a gravé d'après Carle Vanloo).

Dürer, Albert (graveur sur bois et au burin).

Duttenhofer (graveur de paysages).

Dyck (Van) (graveur à l'eau-forte).

Earlom, Richard (graveur en manière noire, lavis et pointillé).

Edelinck, Gérard (graveur, burin, d'après Raphaël, Lebrun,
    Rigaud, etc.).

Elliot, Guillaume (graveur de paysages).

Ellis, William (graveur de paysages).

Elluin, Blaise.

Facius, Georges-Sigismond et Jean-Gottlieb frères (es-
    tampes très recherchées).

Faithorn, William (graveur au burin, portraits, et graveur
    en manière noire).

Faldoni, Jean-Antoine.

Febvre (Le).

Ferrani.

Finiquierra.

Filhol, Antoine-Michel (graveur à l'eau-forte).

Fiquet, Étienne (graveur de portraits, d'après Mignard,
    Rubens, Van Dyck).

Fittler, James (graveur de paysages d'après Claude Lorrain, et de marines).

Flippart, Jean-Jacques (graveur d'après Greuze et Vernet).

Folo, Giovanni (graveur d'après le Corrège).

Fontana, Pierre (graveur d'après Raphaël, etc.).

Forssell (graveur, portraits, d'après Van Dyck, Van Ostade, etc.).

Forestier (graveur de portraits d'après Gérard Dow, le Titien).

Fortier (graveur de paysages).

Fossoyeux, Jean-Baptiste (graveur d'après Gérard Dow, etc.).

Fragonard (graveur à l'eau-forte).

Frezza, Jean-Jérôme (graveur d'après le Guide, etc.).

Frey, Jacques (graveur de portraits et genre).

Frey (De) (graveur, portraits).

Fruytiers, Philippe (graveur à l'eau-forte, portraits).

Fyt, Jean (n'a produit que 16 planches d'animaux).

Galle, Corneille, dit le Vieux.

Garavaglia.

Gauguin (élève de Honston).

Gautier, Léonard (graveur au burin. Le jugement dernier, d'après Michel-Ange).

Geissler, Frédéric (graveur de paysages, d'après les maitres flamands).

Gelée, Claude, dit le Lorrain (a gravé une suite de 28 paysages très recherchés).

Gessner, Salomon.

Geyser, Christian-Gottlieb et Frédéric-Auguste (graveurs à l'eau-forte).

Ghendt (De), Emmanuel-Jean-Népomucène (graveur de vignettes).

Ghisi, Georges, dit le Mantouan (graveur de portraits et paysages).

Gillot, Claude (graveur à la pointe).

Girard (graveur en manière du crayon, d'après Poussin, Raphaël, Gérard).

Girardet, Abraham (graveur d'après Raphaël, Jules Romain, Poussin).

Gmelin, Guillaume-Frédéric (graveur de paysages).

Godefroy, François (graveur de vignettes, paysages, allégories d'après La Hyre, Claude Lorrain, Leprince).

Godefroy, Jean (graveur d'après Gérard, Isabey).

Goltzius, Henri (a imité les estampes d'Albert Dürer, a gravé les Métamorphoses d'Ovide, les Muses, les Vertus, le Chien).

Gondolphi.

Gouaz (Le), Yves (graveur de marine, d'après Ozanne).

Goulu, F.-Sébastien (graveur de portraits, d'après Porbus).

Green, Valentin (graveur à la manière noire).

Greig, J.

Guotin, J.-M. (graveur d'après Hesse, Guérin, Lormier, etc.).

Guttemberg, Charles (graveur de paysages).

Hackaert, Georges (graveur de paysages).

Hainzelman, Élie et Jean (graveurs très estimés. Manière de Poilly).

Hall, John (graveur, portraits et histoire).

Haldenvang, C. (graveur de paysages).

Heath, Charles (graveur de vignettes).

Héquet, Robert.

Heina (graveur d'après les maîtres flamands).

Hess, Charles.

Hollar, Wenceslas (graveur d'animaux, insectes, etc.).

Hondius, Guillaume (graveur de portraits, d'après Van-Dyck).

Hortemels, Frédéric.

Houbraken, Jacques (graveur de portraits).

Hubert, François (portrait de Marie-Antoinette).

Huret.

Ingouff, François-Robert et Pierre-Charles (graveurs d'a-
près Greuze, Will, etc.).

Ingram, Jean (graveur très estimé).

Iode (P. de).

Janinet, François (graveur en couleur).

Jardin (Du), Karel ou Charles (graveur à l'eau-forte).

Jazet (graveur à l'aqua-tinte, graveur d'après Carle
Vernet, etc.).

Jeaurat, Edme (graveur d'après Paul Véronèse, Mola, etc.).

Jode (De), Pierre (graveur, portraits d'après Van Dyck).

Johannot, C. (graveur, vignettes au pointillé).

Juckes, François (graveur au pointillé, aqua tinta).

Klauber, Ignace-Sébastien (graveur de portraits).

Killian, Philippe-André (graveur d'histoire).

Kobell, Ferdinand et Guillaume (graveurs à l'eau-forte).

Koninck, Salomon (graveur d'après Rembrandt).

Kuntz, Charles (graveur de paysages).

Lairesse (De), Gérard.

Lanfranc.

Langlois, Pierre-Gabriel et Vincent-Marie.

Larmesin (De), Nicolas (graveur de portraits et histoire).

Laurent, Pierre (graveur de paysages).

Laurent, Henri (graveur d'après Poussin, le Dominiquin, etc.).

Laugier, Joseph (graveur d'après Hersent, Delorme, Raphaël, etc.).

Lebas, Jacques-Philippe.

Leuw (De), Guillaume (graveur à l'eau-forte).

Lempereur, Louis-Simon (graveur de portraits et histoire,
d'après Rubens, Palamède, La Fosse).

Lenfant, Jean (élève de Claude Melan, portraits).

Lefilleul, Gilbert (élève de Daret).

Levasseur, Jean-Charles (élève de Beauvarlet, graveur d'après Vanloo).

Lestudier dit Lacour (graveur de portraits et vignettes).

Lépicié, Bernard (graveur de portraits, histoire et genre).

Lerouge (graveur à l'eau-forte).

Leroux (graveur de portraits et vignettes).

Lerpinière, Daniel (graveur de paysages et marines).

Leyde (De), Lucas (graveur d'histoire, portraits).

Lienard, Jean-Baptiste (graveur de paysages).

Lievens, Jean, graveur à l'eau-forte et au burin).

Lignon, Étienne-Frédéric (graveur de portraits, histoire).

Lingée, Charles-Louis (graveur de portraits d'après Isabey, etc.).

Lips, Jean-Henri (graveur. Portraits d'après Drouais et Gérard Dow, etc.).

Loir, Alexis (graveur au burin d'après Lebrun, Jouvenet, etc.); son frère *Nicolas* (graveur à l'eau-forte).

Lombart, Pierre (graveurs de portraits).

Longhi, Joseph (graveur d'après Raphaël, le Corrège, etc.).

Longueil, Joseph (graveur de vignettes).

Lowry, Wilson (graveur à la pointe et au burin, d'après Claude Lorrain et Poussin, etc.).

Lutma, Jean (graveur dans la manière du crayon, portraits).

Luyken, Jean.

Major, Thomas (graveur au burin, paysages).

Macret, Charles-François-Adrien (élève de Nicolas Dupuis, et Sittrait de Montigny, mort sans pouvoir terminer sa planche du siège de Beauvais).

Malbeste, J.-P. (graveur, histoire, genre).

Manceau (graveur de vignettes).

Mantégna, André (graveur au burin, très rare).

Marais, Henri (graveur d'après Jules Romain, etc.).

Maratte, C.

Marc, Antoine (Voir Raimondi).

Marcuard, Robert (graveur au pointillé, élève de Bartolozzi).

Mariage, L.-F. (graveur d'après Poussin, etc.).

Martine, Pierre-Antoine (graveur au burin, à la pointe et en manière noire, portraits, paysages, etc.).

Maso, Finiguera (en 1460; 43 pièces sont connues de lui).

Mason, James (graveur à la pointe, au burin, paysages, d'après Claude Lorrain).

Masquelier, Louis-Joseph, et son fils (graveurs de paysages, portraits, histoire).

Massard, Jean (graveur de portraits et genre).

Massard fils, Raphaël-Urbain (graveur au burin, d'après Gérard, Girodet, Raphaël, etc.).

Massol (graveur d'après le Thiers, etc.).

Masson, Antoine (graveur d'histoire, portraits, d'après le Titien).

Matthieu, Jean (graveur de paysages).

Maupin, Paul (graveur sur bois d'après Stella).

Méadons (graveur de genre).

Mecheln (Van), Israël, père et fils (graveurs sur cuivre; très rares).

Mecou (graveur au pointillé).

Mellan, Claude (graveur au burin d'après le Tintoret, etc.).

Mellini, Charles-Dominique (graveur d'après Drouais et Loutherbourg).

Meulmeester, Joseph (graveur d'après André Solari, etc.).

Michel, Jean-Baptiste (graveur à la pointe, au burin, au pointillé).

Michault, Germain (graveur de vues et jardins, d'après Carmontelle).

Middiman, Samuel (graveur de paysages, d'après Berghem, etc.).

Migneret, Adrien (graveur de portraits, genre et vignettes).

Milton, François (graveur de paysages).

Mitan, James (graveur de vignettes).

Mitelli, Joseph-Marie (graveur d'après les grands maîtres).

Molès, Pascal-Pierre (graveur au burin, d'après Van Dyck, le Guide, etc.).

Morel, Antoine-Alexandre (graveur au burin, d'après David, Giroust, le Guide, etc.).

Morghen, Raphaël (graveur au burin, d'après Léonard de Vinci, Raphaël, Van Dyck, Kauffmann, le Guide, etc.).

Morin, Jean (graveur de portraits).

Muller, Jean (graveur de portraits, histoire).

Muller, V.-Jean-Gotthard (graveur à l'eau-forte et au burin, graveur d'après Raphaël, le Dominiquin, Frumbull, Duplessis).

Muller, Frédéric, fils de Gotthard Muller (graveur au burin).

Muller, H.-Charles (portraits, vignettes).

Munnickhuysen, Joseph (graveur, portraits, d'après Limbourg et Plasse).

Murphy, John (graveur en manière noire, graveur d'après Rembrandt, West, etc.).

Natalis, Michel.

Nanteuil, Robert (graveur de portraits).

Newton, James (graveur à la pointe, paysage).

Nicolet, Benoit-Alphonse (graveur de vignettes et paysages).

Niquet frères.

Nolpe, Pierre (graveur de portraits, histoire, vues, paysages, graveur à l'eau-forte et au burin).

Novelli et Cumano (graveurs à l'eau-forte d'après Rembrandt).

Nutter, Guillaume (graveur au pointillé).

Oortman (graveur d'après les peintres flamands et hollandais).

Ostade (Van), Adrien (graveur à l'eau-forte).

Ottaviani, Jean (graveur d'après Raphaël, les loges du Vati-
can).

Oudry, Jean-Baptiste (graveur d'animaux).

Ozanne, Nicolas et Pierre (graveurs, vues et marines).

Parboni (graveur de paysages).

Parmeggiano, François-Mazuoli, dit le *Parmesan* (graveur à
l'eau-forte).

Patas, Jean-Baptiste (graveur au burin).

Pauquet, Jean-Louis-Charles (graveur à l'eau-forte).

Pavon.

Peach, James (graveur à la pointe, au burin ; paysages,
d'après Claude Lorrain).

Penz, Georges (graveur de vues).

Perelle, Adam (graveur de paysages).

Pesne, Jean (graveur des tableaux de maitres).

Pétier.

Petit, Jean-Louis.

Picart, Bernard (graveur d'après Lesueur, etc.).

Picot, Victor-Marie (graveur des grandes compositions,
d'après Amiconi).

Pigeot (graveur d'après David, Gérard, Hennequin, etc.).

Pillement, Victor (graveur de paysages).

Piranesi, Jean-Baptiste (graveur, architecture, ruines).

Piringer (graveur à l'aqua tinta, paysages, d'après Claude
Lorrain).

Pitau, Nicolas (graveur dans la manière de Poilly).

Pitteri, Jean-Marc.

Poilly, François (graveur d'après Mignard, etc.).

Pollard, Robert (graveur au burin, à l'eau-forte, à l'aqua
tinta : marines, paysages, genre, etc.).

Pontius, Paul (graveur d'après Rubens, Van Dyck).

Poretta, Antoine (graveur, paysages et genre, Claude Lorrain).

Potre (Le), Jean (graveur de sa composition).

Potrelle, J.-L. (graveur de portraits).

Porporati, Charles (graveur au burin, d'après Van Dyck, Carle Vanloo, Van der Werff, etc.).

Potter. Paul (graveur à l'eau-forte, animaux).

Pradier, C.-S. (graveur de portraits, genre, d'après Gérard, etc.).

Preisler, Jean-Martin et Georges (graveurs au burin, portraits).

Prévost, Benoît-Louis (graveur de vignettes, genre, histoire, etc.).

Primavesi, Jean-Georges (paysages d'après Moucheron, Ruysdaël, Swaneveldt, etc.).

Prince (Le), Jean-Baptiste (graveur au lavis).

Pye, John (graveur à la pointe, vignettes).

Queverdo, père et fils (graveurs à l'eau-forte et à la pointe, vignettes).

Rados (graveur de portraits).

Raimbach (graveur de genre).

Raimondi, Marc-Antoine (graveur de Raphaël).

Ravenne (De), Marc.

Reinhart, Jean-Chrétien (paysages et vues très recherchés).

Rembrandt, Paul Van Ryn (graveur à l'eau-forte et à la pointe sèche, d'après ses compositions).

Réville (graveur d'architecture).

Rhein, Nicolas (graveur en manière noire, d'après Rubens, etc.).

Ribault, J.-F. (graveur d'après Van der Werff, Netzse, le Titien, etc.).

Richomme, François (graveur d'après Raphaël, Jules Romain, etc.).

Roger, Barthélemy (graveur au pointillé, d'après Girodet, Prud'hon, Gérard, etc.).

Roos, Jean-Henri (graveur à l'eau-forte, très estimé).

Roos, Salvator (graveur à la pointe).

Rosaspina, François (graveur d'après le Parmersan, le Corrège, etc.).

Rossi, André (graveur au burin, de portraits, genre).

Rota, Martin (graveur très recherché).

Roullet, Jean-Louis (élève de Poilly, graveur d'après les grands maîtres).

Rousselet, Gilles (graveur d'après le Guide, le Titien, etc.).

Ruysdael, Jacques (graveur à l'eau-forte, paysages).

Ryland, William-Wynn (graveur au burin, au pointillé, et dans le genre du crayon. Très recherché).

Sadeler, Jean et Raphaël (graveurs recherchés).

Saftleven, Herman (graveur à l'eau-forte).

Schiavonetti, Louis (graveur, histoire et genre).

Schinker (graveur d'après Raphaël).

Schlicht, Abel (graveur à l'aqua tinta).

Schmidt, Georges-Frédéric (graveur au burin et à la pointe).

Schmutzer, Jacques (graveur au burin, d'après Rubens, etc.).

Schœn, Martin (un des inventeurs de la gravure au burin).

Schrœder (graveur de paysages, vues).

Schuppen (Van), Pierre (graveur de portraits, d'après Van der Meulen, Raphaël, etc.).

Schut, Corneille (graveur à l'eau-forte).

Scorodoomoff, Gabriel (graveur au pointillé).

Sellier (graveur de vues et paysages).

Sharp, William (graveur d'histoire, d'après le Guide, West, etc.).

Sherwin, John-Keyse (graveur au burin, en manière noire et au pointillé).

Silvestre, Israël (graveur de vues, genre Callot, très recherché).

Simoneau, Charles (graveur dans tous les genres).

Smith, George et John (graveurs à l'eau-forte).

Smith, John-Raphaël (graveur à la pointe et au pointillé).

Sneyders, François (graveur à l'eau-forte).

Sneyrs, Henry (gravures très recherchées).

Soupelen.

Soutman, Pierre.

Spierre, François (graveur au burin d'après le Corrège, etc.).

Staren (Van) (graveur de paysages).

Steen (Van den) (graveur à la pointe et au burin, très
    recherché).

Stella, Claude-Boussonnet (graveur d'après Poussin, etc.).

Strange, Robert (graveur au burin d'après le Guide, le Ti-
    tien, Van-Dyck, etc.).

Subleyras, Pierre (graveur à la pointe).

Surrugue, Louis (portraits, histoire).

Suyderhoef, Jonas.

Swaneveldt, Herman (graveur à l'eau-forte).

Tardieu, Nicolas-Henri (graveur d'après Coypel et autres
    maîtres).

Tardieu, Pierre-Alexandre (graveur de portraits).

Tavernier (graveur de portraits).

Tempesta, Antoine.

Testa, Pierre et César (gravure à l'eau-forte).

Thew, Robert (graveur au pointillé et à l'aqua tinta).

Thomas, Louis-Charlemagne (vignettes d'après Maurilier,
    élève de Beauvarlet.

Thomassin, Simon-Henri (portraits).

Tiepolo (graveur à l'eau-forte).

Toschi (graveur de vignettes).

Tourneyson, Jean-Jacques (graveur d'après les maîtres).

Ulmer, C. (graveur d'après Mignard, André Solari, Van
    der Relot).

Vallée, Simon (graveur, portraits, histoire, pointe et
 burin).

Vallet, Guillaume,

Veau (Le) (graveur, paysage, genre, d'après Van der Meer,
 Vernet, Diétrich, etc.).

Venitien de Musis, Augustin (gravures très recherchées).

Vermeulen, Corneille (graveur au burin, d'après Largillère,
 Rigaud, de Troy, etc.).

Vidal, Geraud (graveur d'après David, Lavrince).

Villain (Le) (G. R.).

Villamine, François.

Villerey (graveur d'après Lesueur, etc.).

Vischer, Corneille (graveur à la pointe et au burin, genre
 et paysage, d'après Berghem et Van Ostade. Ses compositions d'après lui-même sont très recherchées).

Vivarès, François (graveur de paysages, d'après Claude
 Lorrain, etc.).

Vliet (Van) (gravures à l'eau-forte, très recherchées).

Voerst (Van), Robert (graveur de portraits d'après Van
 Dyck, Vouet, etc.).

Voyez, François et Joseph Nicolas (graveurs d'après Greuze,
 Lenain, Parrocel, Gérard Dow).

Volpato, Jean (graveur d'après Raphaël, etc.).

Vosterman, Lucas (graveur au burin, d'après Rubens).

Wagner, Joseph (graveur à la pointe et au burin).

Ward, William (graveur en manière noire et au pointillé,
 d'après les maîtres anglais).

Waterloo, Antoine (gravure à l'eau-forte, paysages).

Watson, Thomas et James (graveurs en manière noire et
 au pointillé).

Weirotter, François-Edmond (graveur à la pointe, paysages).

Wierix, Jérôme (paysages et genre).

Wille, Jean-George (graveur au burin, portraits, sujets
    d'après les maîtres hollandais).

Wolgemuth, Michel (graveur sur bois, cuivre; maître d'Al-
    bert Dürer).

Woolet, William (graveur de paysages, histoire).

Worlidge, Thomas (a imité Rembrandt, a publié dans sa
    manière 140 pièces fort estimées).

Wyck, Thomas (graveur à la pointe, très recherché).

Zingg, Adrien (graveur de paysages, d'après Diétrich,
    Gessner, etc.).

CHAPITRE XXIV

Au nombre des principaux dessinateurs lithographes, il faut citer les noms suivants parmi lesquels se trouvent une quantité d'artistes distingués existant encore de nos jours :

Adam. Victor.	Harlingues (D'), Gustave.
Anastasi.	Isabey.
Arnout, Jules.	Jacot.
Barbizet.	Johannot, Tony.
Bodmer, Karl.	Keller (Mlle Gabrielle).
Boily.	Lafosse.
Calame.	Lamy.
Cazes.	Laroche.
Chalignères.	Lassalle, Émile.
Coignet.	Lassalle, Louis.
Colette, Alexandre.	Laurens, Jules-Joseph
Collin.	Lecomte, Aubry.
Court.	Legrip, Frédéric.
David, Étienne.	Lemoine, Auguste-Charles.
Desmaisons, Pierre-Émile.	Leroux, Armand.
Devéria.	Leroux, Eugène.
Dufourmantelle, Félix.	Lorentz.
Eusébio, Planas.	Loutrel, Victor-J.-B.
Félon. Joseph.	Maurin, A.
Férogio, Fortuné.	Meissonier.
Fragonard.	Mouilleron.
François.	Nanteuil, Célestin.
Gavarni.	Noël, François
Gilbert, Achille.	Noël, Léon-Alphonse.
Grenier.	Pirodon, Eugène.
Grévedon.	Prud'hon.

Rambert.

Raffet.

Rouargue.

Sanson.

Soulange-Teissier.

Stalder.

Vernet, Horace.

Vernet, Carle.

CHAPITRE XXV

Les dessins à l'encre de Chine sont ceux qui se prêtent le
mieux au nettoyage et à la réparation, eu égard à la grande
fixité de cette encre et à son insolubilité dans l'eau. Les
raccords se font également fort bien avec cette même
substance employée soit au pinceau, soit avec la plume.

En présence d'un semblable dessin, on peut donc recourir
sans crainte aux lavages à pleine eau ; mais il faut éviter
tout frottement. Des taches d'huile, de sang, de rouille,
d'encre ou de boue, viennent-elles à souiller l'épreuve,
on traite ces taches de la même manière que nous l'avons
indiqué dans un chapitre précédent pour le blanchiment
d'une gravure et l'enlevage de ses différentes taches ; puis,
toutes les opérations terminées, on remonte le dessin sur
un fond en le collant aux angles seulement, après l'avoir
préalablement repassé avec un fer légèrement chaud.

Lorsqu'il s'agit de dessins aux crayons de couleur, de
dessins à la mine de plomb, au crayon Conté, voire même
de fusains, le contact de l'eau ne leur cause aucun préjudice ; on peut même y prolonger leur séjour sans rien
compromettre.

L'enlevage des taches se fait également comme il se
pratique sur les gravures, et l'huile et le vernis disparaissent avec le secours des dissolutions alcalines dont on neu-

tralise ensuite l'effet au moyen d'un lavage à l'eau acidulée.

On sèche, à l'air libre, le dessin suspendu à une corde pour faciliter l'évaporation de l'eau. Il faut éviter de sécher en appliquant une feuille de papier buvard, et bien se rappeler que le moindre frottement peut entraîner la perte du dessin. Les parties à refaire se font avec les mêmes crayons ayant servi à établir le dessin.

Aquarelles.

Le nettoyage et la restauration des aquarelles exige de grandes précautions : il ne peut dans aucun cas se faire à grande eau, car l'aquarelle, n'ayant aucune fixité sur le papier, disparaîtrait infailliblement au contact de l'eau.

Il faut donc, pour nettoyer une aquarelle, la passer d'abord entièrement à la mie de pain rassis pour la débarrasser de la poussière, de la fumée ou de tout corps étranger qui pourrait la souiller. Ainsi traitée, elle reprend un aspect de propreté, que viennent seules atténuer les différentes taches qui peuvent s'y trouver ; soit encre, huile, sang, rouille, ou toute autre.

Pour enlever ces taches, il faut un remède énergique, une véritable opération chirurgicale, c'est-à-dire procéder à la suppression même de la tache en formant un trou dans l'aquarelle, trou que l'on rebouche ensuite soit avec du papier Whatman, soit avec du papier Hearding, du Creswick, du Cattermole, du papier français dit de Rome, torchon ou demi-torchon ou lisse, suivant la nature et la couleur de celui qui a été employé pour exécuter l'aquarelle.

On procède au rebouchage du trou comme nous l'avons indiqué, chapitre VIII de la seconde partie, page 139 pour les parties manquantes des gravures ; puis, une fois la pièce rapportée, on commence les raccords.

Si l'aquarelle a un aspect brillant et parait comme vernie, on introduit dans l'eau servant à délayer les couleurs une goutte d'un liquide anglais, appelé *Megilph*, qui leur communique du brillant et les fixe au papier. Si cette partie raccordée n'est pas assez brillante, on applique dessus une seconde couche de ce liquide employé plus concentré : de suite la partie raccordée reprend son brillant.

Il n'y a plus qu'à monter l'aquarelle en la fixant aux quatre angles, sur un papier ou carton de support.

Gouaches.

Les gouaches ont la même répugnance que les aquarelles pour l'eau ; aussi conseillons-nous, pour enlever les taches qui peuvent s'y trouver, de procéder, par les mêmes moyens, à l'enlevage de la tache et à la réparation du trou.

Le raccord se fait avec des couleurs toutes spéciales ; car dans ce genre de peinture le blanc forme la base de toutes les couleurs ; il s'ajoute en surcharge pour former les lumières, tandis que dans l'aquarelle c'est le blanc du papier qui joue ce principal rôle. Il faut une grande habitude du coloris pour arriver exactement au raccord des teintes ; il vaut mieux faire plus clair pour commencer que plus foncé, car on a la ressource des glacis pour arriver au ton voulu.

Il est bien difficile de voir qu'une gouache a été réparée, lorsqu'elle sort des mains d'un restaurateur habile.

Pastels.

Les principales causes de la détérioration des pastels sont, comme nous l'avons déjà indiqué pour les gravures :

1° La nature du carton sur lequel le papier se trouve tendu et sa décomposition au contact de l'humidité ;

2° L'air s'introduisant soit par la feuillure du cadre du côté du verre, soit par le carton, du côté du dos, et dont la présence continue détériore la couleur elle-même;

3° Les piqûres d'insectes et de vers ;

4° Le soleil mangeant certains tons tendres ;

5° La vapeur d'eau se condensant sur le verre par la chaleur des rayons solaires et la présence de l'humidité du mur et du carton sur lesquels repose l'aquarelle;

6° Les vitres fendues, laissant à la longue une trace noire, occasionnée par l'infiltration de l'air, la poussière et la fumée.

Tels sont les accidents de nature différente auxquels on ne saurait remédier efficacement sans être réellement pastelliste soi-même ; car toutes ces retouches relèvent de l'art proprement dit.

Après avoir enlevé du cadre le pastel à réparer, on commence par reboucher les trous de vers, les déchirures, en collant à l'envers du papier sur lequel repose le pastel de petits morceaux de papier végétal destinés à servir de supports à la pièce, et ce, avec le moins de colle possible. Ensuite, découpant dans les coins du pastel la pièce nécessaire pour reboucher le trou, on l'ajuste comme on le ferait pour une mosaïque ; puis on l'enduit de colle, évitant d'en mettre sur la partie qui doit recevoir le pastel, et on laisse sécher.

Cette opération terminée, il ne reste plus qu'à raccorder le pastel, travail qui se fait avec le doigt et le crayon de pastel tendre, en donnant d'abord la teinte du fond, puis en revenant par-dessus avec des touches plus accentuées si le travail est exécuté par hachures.

C'est en présence de l'œuvre que le talent de l'artiste restaurateur se révèle.

Une fois la restauration achevée, on replace le pastel dans
son cadre, après avoir préalablement bien nettoyé le verre
à l'esprit-de-vin, puis on garnit intérieurement le verre et les
feuillures du cadre de bandes de papier, pour intercepter
le contact de l'air extérieur.

Un papier bleu ou de toute autre couleur recouvre également l'envers du cadre ; on le place à cheval moitié sur le
bois de ce dernier, moitié sur le carton supportant le pastel,
l'œuvre est ainsi rétablie dans son état primitif.

Restauration des miniatures.

Pour bien restaurer une miniature, il faut être réellement
artiste, car en même temps qu'un travail de patience, c'est
aussi une œuvre d'art que d'exécuter toutes ces retouches
au pointillé et de reconstituer les traits du dessin.

La miniature se peint le plus ordinairement sur ivoire ou
sur velin, en se servant de couleurs délayées à l'eau légèrement gommée.

Dans la miniature, les chairs se font par des teintes pointillées et superposées, les draperies et les accessoires s'exé-
cutent à la gouache recouverte de hachures serrées et
croisées.

Parmi les miniaturistes les plus en renom du dix-huitième
siècle il faut citer : Ferraud, Klingstet, Leblond, Tibaldi,
Mengs, Baudoin, Charlier, Dumont, etc.

Parmi ceux du dix-neuvième siècle, Augustin, Isabey,
Aubry, Saint, Millet, Mansion, Mmes Jacquotot, de Mirbelle,
Callaut, etc.

C'est souvent aux œuvres de ces artistes en renom que le
restaurateur est obligé de s'attaquer. Ce n'est donc qu'en
tremblant qu'il doit s'y résigner, et sûr de son talent.
Quoi qu'il en soit, il doit éviter à tout prix de recouvrir

13

le maître, et ne toucher que juste la place à réparer.

Rien dans ce genre de restauration ne doit donc être livré au hasard, et si l'on ne se sent pas les capacités nécessaires, il vaut mieux renoncer à entreprendre ce genre de restauration que de s'exposer à détruire, par la plus petite maladresse, une œuvre dont la perte serait irréparable.

Lorsqu'il manque un coin d'ivoire, ou que la miniature a été transportée dans un cadre plus grand, on ajoute des plaques d'ivoire de la même épaisseur en les rapprochant le plus possible de la miniature à restaurer. Une fois bien ajustées, on colle ces plaques sur le fond, avec de la colle d'amidon, les maintenant en presse pendant plusieurs heures. On rebouche les fentes avec un peu de mastic formé de poudre de pastel, comme il est dit au chapitre des recettes, puis on s'occupe du raccord de la peinture.

L'ivoire se coupe avec des ciseaux.

TROISIÈME PARTIE

DES RELIURES, DES LIVRES

ET DE

LEUR RESTAURATION

CHAPITRE PREMIER

L'art de la reliure remonte à une très haute antiquité ; elle fut non seulement un moyen de conservation, mais encore un ornement pour l'œuvre qu'elle eut mission de protéger.

Bien que les premiers manuscrits n'aient été écrits ou tracés que sur des bandes mises en rouleaux, fabriquées d'écorces d'arbres, ou sur des feuilles préparées et séchées, ils n'en furent pas moins recouverts d'enveloppes en parchemin et d'étuis enjolivés, qui servirent à les protéger contre l'action dévastatrice du temps, les injures climatériques, l'humidité, la chaleur, la poussière, les taches de toute nature, qui, en endommageant l'œuvre, finissent à la longue par la détériorer complètement.

Exécutés dans de telles conditions, on conçoit aisément que les manuscrits se prêtaient fort mal, par leur forme, à l'art du relieur, et qu'ils ne renfermaient en eux aucune des conditions exigibles pour recevoir la riche parure dont on orne les livres aujourd'hui.

Le premier pas cependant était fait vers la reliure. Ce progrès devait s'accentuer davantage avec la transformation de la matière sur laquelle on écrivait et la forme qu'on lui donna : de là naquirent les éléments propres à une industrie nouvelle qui, dès ses débuts, s'éleva presque au niveau d'un art.

En effet, dès que les feuilles de parchemin au lieu d'être roulées reçurent une forme carrée, on songea de suite à les réunir et à les grouper en un tout pour former ce que nous appelons un livre. Ces feuilles volantes, réunies entre elles, classées dans l'ordre de leur pagination, puis cousues ou collées dans un dos mobile, renfermées entre deux planches de bois, de métal, d'ivoire ou de cuir, constituèrent la *reliure* du livre ; c'est-à-dire son habit, sa parure ; parure qui varia suivant la richesse et la rareté des matériaux employés à son ornementation, sans avoir égard au mérite et à la valeur réelle de l'œuvre, qu'elle enfermait ainsi sous le faste souvent luxueux d'une splendide couverture, donnant seule du prix à l'ouvrage.

La reliure était donc trouvée; avec elle prit aussi naissance la bibliothèque, c'est-à-dire le meuble dans lequel se renfermèrent ces précieux amis ; car, de tout temps, le livre fut le consolateur, le conseiller, le guide, et l'ami de l'homme.

Nous ne nous attarderons point ici à suivre pas à pas la voie et les progrès que se fraya cet art à travers les âges; il nous suffira de dire que déjà, au v° siècle, les relieurs avaient recours aux orfèvres et aux lapidaires pour l'ornementation de leurs reliures ; témoin le livre des évangiles orné de pierres précieuses, que Bélisaire trouva dans le trésor de Gélimer, roi des Vandales. Faut-il encore citer l'évangéliaire grec ayant appartenu à Théodelinde, reine des Lombards, et qu'elle donna à la basilique de Monza. Sa couverture était formée de deux plaques d'or enrichies de pierres de couleurs et de camées antiques.

Puisque nous citons des merveilles du v° siècle, pourquoi n'en citerions-nous pas aussi quelques-unes des siècles qui suivirent. C'est aux vi° et vii° siècles que remonte la reliure de l'exemplaire des *Pandectes* de Justinien, ouvrage conservé à la bibliothèque Laurentienne de Florence. Il est relié avec des tablettes de bois, recouvertes de velours rouge, chargé sur les plats et sur les angles d'ornements en argent.

Il nous faut citer aussi le fameux livre d'heures que possède la bibliothèque du Louvre, écrit en lettres d'or, sur parchemin de couleur pourpre, relié en velours rouge, cadeau royal offert par Charlemagne à la ville de Toulouse.

Un manuscrit à peu près semblable, dit l'évangéliaire de Charlemagne, écrit également en lettres d'or sur vélin pourpre, existe encore à la bibliothèque, d'Abbeville. Il provient du trésor de l'ancienne abbaye de Saint-Ricquier, qui l'avait également reçu comme présent de Charlemagne. Pour donner une idée de l'amour et du haut intérêt que portaient certains monarques et grands personnages à l'art de la reliure, il nous suffira de dire que ce même roi accorda aux moines de Sithiu (Saint-Omer) un droit de chasse illimité, afin que ces moines pussent se procurer les peaux nécessaires à la fabrication des couvertures de leurs livres. Geoffroy Martel, comte d'Anjou, de son côté, abandonna aux moines d'une abbaye qu'il avait fondée à Saintes la dîme des cerfs et des biches qu'on prendrait dans l'île d'Oléron, pour que les peaux de ces animaux pussent servir à la reliure de leurs livres.

Nous pourrions multiplier au delà les exemples de générosité et de désintéressement en faveur de l'art de la reliure. Notre but n'est point de faire l'histoire approfondie de cet art, mais de donner simplement un aperçu de ce qu'il fut aux siècles passés, pour faire ressortir toute l'importance que l'on y attachait.

Aux XIe et XIIe siècles, les chefs-d'œuvre de l'émaillerie vinrent prêter leur concours à l'art du relieur et enrichir les couvertures des livres de leurs émaux sur cuivre champlevé ou en taille d'épargne, dorés et incrustés : témoin les deux plaques du musée de Cluny, cataloguées sous les n⁰ˢ 4492 et 4493, dont l'une représente le moine Étienne de Muret, fondateur, en 1073, de l'ordre de Grandmont (près de Limoges) conversant avec saint Nicolas.

L'autre, la seconde, a pour sujet l'Adoration des Mages.

Dans chacune de ces plaques les émaux sont entièrement incrustés : le Christ seul est sans émail, la tête modelée en relief. Il est assis sur les genoux de la Vierge, le front ceint du nimbe crucifère. Il lève la main droite en action de bénir et porte dans la gauche le livre de vérité.

Les figures sont encadrées sur chaque plaque dans un portique d'architecture en plein cintre, surmonté de cinq tourelles, dont les lanternons et les toitures surbaissées sont ornés d'imbrications en émail.

Sur la première plaque Étienne de Muret est portraituré sans nimbe et la tête nue, c'est-à-dire avant sa canonisation, qui n'eut lieu qu'en 1188 ; son capuchon est rejeté ; une de ses mains repose sur une espèce de *tau*, et l'autre indique un geste de conversation avec une figure nimbée qui représente le grand saint Nicolas, évêque de Myre, auquel Étienne de Muret et son père avaient voué un culte spécial qui les décida à se transporter en Calabre pour aller honorer les reliques de ce saint, récemment apportées à Bary.

Saint Étienne de Muret mourut à l'âge de quatre-vingts ans, en 1124. Dans cette reproduction la figure de ce saint est loin d'accuser un âge aussi avancé ; on peut donc en conclure, dit le catalogue, que cet émail date des premières années du XIIᵉ siècle, à l'époque où les artistes grecs seraient venus donner un nouvel essor aux fabriques de Limoges.

Il est probable que ces belles plaques sont tout ce qui reste aujourd'hui des immenses richesses de l'abbaye de Grandmont. Elles ont 26 centimètres de hauteur sur 18 centimètres de largeur.

Ce sont là, sans nul doute, de belles et précieuses couvertures de livres.

Les croisades exercèrent aussi une influence directe sur la reliure, car les Arabes apprirent aux Occidentaux non seulement à se servir des cuirs pour couvrir leurs livres, mais encore à agrémenter ces mêmes cuirs d'ornements dorés et argentés.

Les plus belles reliures du xv° siècle sont celles des livres provenant de la bibliothèque formée à Bude, par Mathias Corvin, roi de Hongrie, et dont on retrouve la plus grande partie dans la bibliothèque publique de Munich.

Tant qu'il ne s'est agi que de la reliure des manuscrits, elle fut florissante ; cela se conçoit aisément par la rareté et la valeur vénale des œuvres par elles-mêmes.

L'imprimerie, en multipliant et en vulgarisant la production des livres, vint porter un coup fatal à l'art de la reliure ; et les livres, sauf quelques rares exceptions, ne reçurent plus qu'une couverture ordinaire pour ne pas dire grossière.

Il ne fallut rien moins que l'époque de la Renaissance pour faire revivre, dans toute sa splendeur, l'art dont les premiers débuts avaient été marqués au sceau du génie. Le xvi° vit s'opérer cette métamorphose : le livre d'heures de Marguerite de Savoie en est une preuve.

Les relieurs, encouragés de nouveau par d'importantes commandes, protégés par de puissants seigneurs, se mirent de nouveau à l'œuvre ; alors les riches reliures sortirent de tous les ateliers ; elles abondèrent de toutes parts. C'est à la suite de ce véritable tournoi industriel, que la reliure, poussée aux dernières limites de la perfection, fut proclamée un art éminemment français, un art véritablement national.

Quelle richesse déployée dans les reliures du trésorier général Grollier, exécutées en veau et en maroquin, agré-

mentées de filets d'or mat, d'entrelacs et d'arabesques, aux
ors de couleurs, complétées par sa devise en lettres d'or,
qui semble brocher sur le tout :

Portio mea, Domine, sit in terra viventium.

(Que ma part, Seigneur, soit sur cette terre des vivants.)

Sur le plat opposé se lit son nom, ou les mots, *tanquam
ventus est vita mea* (ma vie est comme le vent).

Puisque nous venons de citer les livres de Grollier, par-
lons d'autres reliures qui ne leur cèdent en rien comme
exécution : les livres de Maioli (1), par exemple, dont les
couvertures sont ornées de compartiments d'or et couleur.

La tranche de quelques-uns est gaufrée et ciselée, ou
couvertes de sujets peints.

Les reliures aux armes de Jacobus Maliufantius, dispo-
sées par compartiments de couleur, sont également très
appréciées.

Celles de Laurin ont aussi un grand mérite.

Le veau fauve orné de la devise ou du chiffre de François Ier,
ou de la Salamandre, semblait avoir contribué à la vogue
des reliures italiennes, dont les arabesques et les entrelacs
d'or et de couleur, posés par le procédé d'incrustation,
sont rattachés par des filets également en or.

Les reliures des Valois, portant soit leur chiffre, soit leurs
armes, ainsi que celles de Henri II et de Diane de Poitiers,
ornées de croissants et de chiffres, sont admirables dans
leur élégante simplicité, et remarquables par leur fini.

Catherine de Médicis, les ducs de Guise, le cardinal de
Bourbon, Henri III, dont l'emblème était une tête de mort,
Henri IV et bien d'autres personnages illustres nous ont
laissé, par leurs livres, de précieux souvenirs sur ce que fut
la reliure du xvie au xviiie siècle, nous montrant quel

____

(1) Maioli, amateur italien qui vivait en même temps que Grollier.

parti on sut tirer des métaux ciselés, de l'ivoire sculpté, des pierres précieuses dans la pratique de cet art.

Il est juste de dire que si les lois somptuaires édictées dans la seconde moitié du xvi⁰ siècle avaient prohibé toute espèce de dorure, un édit de Henri III, en date du 16 septembre 1577, permit aux relieurs l'emploi de l'or sur les livres tant pour les tranches que sur leurs plats, avec ornements, filets et marques particulières au milieu.

Au xviii⁰ siècle, l'art de la reliure semble avoir abandonné toutes ces capricieuses fantaisies pour revenir aux reliures simples et sévères, plus en harmonie avec l'usage journalier auquel le livre était destiné.

Les reliures de luxe elles-mêmes, c'est-à-dire celles exécutées avec des cuirs de couleur, semblent avoir subi dans leur ornementation une grande transformation.

Au procédé par *incrustation*, d'origine florentine, avait succédé la méthode d'*application* généralisée pendant un siècle par les deux grandes familles des Pasdeloup et des Derome.

Ce procédé présentait un avantage énorme sur l'ancien, en ce que les morceaux de peau de couleur, au lieu d'être incrustés dans le cuir de la couverture, comme de véritables mosaïques, étaient au contraire collés en surcharge sur le cuir lui-même, conservant au fond toute sa solidité première.

Bien que ces riches reliures en mosaïque aient renfermé en elles un charme indéfinissable, un moelleux de contour, une naïveté primesautière qui aujourd'hui encore nous attire et nous séduit; elles n'en furent pas moins des exceptions; car les bibliophiles du siècle dernier avaient des goûts plus sobres, et ce qu'ils recherchaient avant tout dans un livre était moins sa parure extérieure que sa solidité, sa légèreté et son élégance tout à la fois. De Thou, Richelieu, Mazarin, Habert de Montmort furent de ce nombre.

Sous Louis XIV, le luxe dans la reliure fit de nouveau sa réapparition, et l'emploi du maroquin devint véritablement à la mode. Les livres du roi eurent leurs plats parsemés de la lettre L et de fleurs de lys d'or, dont Pristte sut tirer un parti merveilleux. Il faut aussi signaler les reliures du chancelier Séguier et celles des livres de Madame de Chamillart.

Au nombre des relieurs les plus en vogue du dix-huitième siècle, il faut citer : Le Gascon, Enguerrand, Pasdeloup, les Derôme, Boyet, du Seuil, Bisiaux, Bradel, Courtenval.

La République, le premier Empire et la Restauration portèrent à la reliure un coup mortel, motivé par la grande production des livres et leur extrême bon marché.

Parmi les quelques rares artistes qui luttèrent avec opiniâtreté contre le mauvais goût, il faut citer Purgold, Bozerian, Closs, Simier, Thouvenin qui furent vaillamment soutenus et encouragés par les Didot, Chardin, Labédoyère et autres amateurs distingués.

CHAPITRE II

DE LA RELIURE, SES DIFFÉRENTS GENRES.

Relier est un métier, bien relier est un art.

Le métier de relieur exigeant un long apprentissage, un outillage tout particulier, et de plus une pratique incessante pour le bien exécuter, nous n'avons donc point la prétention, dans les quelques lignes qui vont suivre, de transformer nos lecteurs en de véritables praticiens. Ce que nous voulons, c'est les initier en quelques mots à la connaissance des différentes opérations que le relieur fait subir au livre avant de le faire parvenir à l'état dans lequel il nous le remet entre les mains une fois entièrement terminé. La connaissance de ces multiples opérations est du reste indispensable pour s'adonner avec succès à l'entretien et, au besoin, à la restauration des livres et de leurs reliures.

S'il n'est pas donné à tout le monde d'être relieur, en revanche, tout homme adroit peut facilement, avec un peu de pratique, devenir un bon restaurateur : il suffit pour cela d'avoir du goût, de l'adresse et de la patience.

Ce n'est donc point le métier de relieur que nous nous proposons d'enseigner, mais bien l'art de conserver et d'entretenir les livres et leurs reliures. Il nous faut cependant, avant d'entrer en matière, indiquer sommairement à ceux qui veulent se livrer à cet art, quelles sont les différentes opérations que le relieur fait subir au livre pour arriver à lui donner cette enveloppe protectrice, à l'entretien de laquelle nous allons dorénavant prodiguer tous nos soins.

On peut diviser la reliure en deux catégories bien distinctes, savoir :

1° La reliure pleine ;

2° La demi-reliure.

Ces deux genres de reliure se subdivisent pour donner naissance à une foule d'autres dénominations secondaires qui, la plupart du temps, tirent leur nom du procédé employé dans leur exécution.

La *reliure pleine* est celle dont toutes les parties sont recouvertes soit par de l'étoffe, soit par de la peau, du maroquin ou du veau.

La *demi-reliure* diffère de la première en ce que le dos seul est en peau, et que les plats sont soit en papier, soit en toile.

La reliure pleine est dite *reliure à nerfs* lorsque les ficelles servant à retenir les feuillets du livre font saillie sur le dos du volume.

La reliure pleine est dite à la grecque lorsque les ficelles sont logées dans des entailles faites dans les cahiers du livre et que le dos reste complètement uni.

La reliure à *nerfs* et la reliure à la *grecque* se pratiquent également sur la demi-reliure.

Il existe deux manières de préparer le dos des volumes ; l'une, que l'on appelle reliure à *dos plein*, et qui consiste à coller directement sur les cahiers la peau recouvrant le dos du volume ; et l'autre manière, qui prend le nom de *dos brisé* ou *dos fixe*, différant de la première en ce que la peau, au lieu d'adhérer aux cahiers et de s'ouvrir avec eux, leur sert seulement de pivot ou de charnière. La peau se trouve collée sur une bande de carton fort mince, qui est lui-même indépendant des cahiers.

Comme solidité, les dos pleins sont les plus estimés, les dos brisés ont l'avantage de faciliter l'ouverture du livre.

Il y a encore deux autres sortes de reliure : la *reliure de luxe* et la reliure *dite d'amateur*.

La reliure de luxe est celle qui exige un talent, un goût, un savoir tout exceptionnels en dehors de l'habileté technique ; aussi trouve-t-on peu d'ouvriers capables de l'exécuter. Tout, dans ce genre de travail, doit être mis en œuvre pour arriver à un résultat parfait. Toutes les matières peuvent y être utilisées ; le fer, l'acier, l'argent, l'or, le bois, l'ivoire, les pierres précieuses, etc., mais à la condition expresse de ne jamais empiéter sur le domaine de la reliure proprement dite, et de ne lui servir que de simple accessoire.

Le grand talent de l'artiste dans la reliure de luxe consiste à bien harmoniser la décoration avec le genre du sujet traité par l'auteur, à faire coïncider les époques du livre et le style de sa couverture, à apporter dans le choix des ornements et leur emploi une sobriété qui est toujours l'indice du bon goût et le cachet de l'art véritable.

La *reliure d'amateur*, élégante et simple, n'exclut pas pour cela la richesse de l'ornementation ; mais une richesse puisée seulement dans le domaine de l'art du relieur, en utilisant les propres ressources du métier, c'est-à-dire la beauté des cuirs, la rectitude et la netteté des signes, l'emploi de fers hardiment posés, de plats et de coins d'une pureté de lignes se rapprochant de la rigidité du métal, sans en avoir la froide monotonie ; enfin un rapport intime doit unir la couverture à l'œuvre qu'elle renferme.

En dehors de ces différents genres de reliures, il ne reste plus que les reliures ordinaires et les cartonnages, qui tombent dans le domaine du bon marché et dont nous n'avons pas à nous occuper ici.

CHAPITRE III

DES DIFFÉRENTES OPÉRATIONS CONCOURANT A LA RELIURE D'UN
LIVRE.

Que l'on veuille faire une reliure de luxe, une reliure
d'amateur ou une reliure ordinaire, les opérations prélimi-
naires restent toujours les mêmes; on y apporte seulement
plus ou moins de soin, plus ou moins de fini, plus ou moins
d'art, voilà tout. L'ornementation du dos et des plats seule
varie, tant par la rareté, et la richesse de la matière employée,
que par le savoir déployé par celui qui l'exécute.

Pliage des feuilles et préparation d'un livre qui a été broché.

La première opération à exécuter lorsque les feuilles
sortent des mains de l'imprimeur consiste à les plier et à
les assembler pour le brochage : c'est généralement en cet
état et souvent après lecture, que les relieurs reçoivent les
livres.

Les feuilles sont pliées page sur page, titres sur titres;
on a bien soin de faire tomber l'un sur l'autre les chiffres de
pagination, se guidant sur le numéro ou marque que porte
chaque feuille et qui est situé au bas de la première page;
on obtient ainsi des marges d'une grande régularité.

Le relieur commence son travail par couper et enlever
tous les fils qui ont servi au brochage.

S'il s'agit d'un livre ayant déjà reçu une reliure, il faut le découdre entièrement, et cela, avec la plus grande précaution, sans se presser, car la moindre déchirure des feuilles peut compromettre la solidité de la seconde reliure.

On commence donc par enlever les gardes dans les mors, puis, si le livre est recouvert en maroquin, en veau ou en basane, on lève cette couverture; ce qui permet alors de couper toutes les ficelles retenant le corps du livre à la couverture. Ensuite, on dégage les chaînettes et le dos, en coupant tous les fils, pour séparer les cahiers; puis, on passe chaque feuille à la mie de pain pour en enlever la poussière et les salissures qui peuvent y adhérer.

Ceci fait, on prépare et collationne de nouveau les feuillets. On passe ensuite à la deuxième opération, le battage du livre.

Battage des livres.

Battre un livre et le bien battre n'est pas chose facile: cette opération exige une très grande habitude, aussi ne peut-elle bien se faire que par des gens du métier. Le volume étant partagé en plusieurs parties, chacune de ces parties constitue ce que l'on appelle une battée, qui, posée sur une pierre, reçoit les volées d'un lourd marteau pesant environ cinq kilogrammes. Ce marteau, en s'abattant au centre de la battée, passe successivement autour du premier coup en le recouvrant des deux tiers pour arriver progressivement aux quatre extrémités de la page.

Cette première volée donnée, on retourne la battée et on renouvelle l'opération. Ensuite, on passe le premier cahier sous la battée, recommençant à battre jusqu'à ce que tous les cahiers aient passé chacun à leur tour sous le marteau.

Pour terminer, on déborde, c'est-à-dire que l'on frappe à petits coups avec le marteau sur les bords et les coins afin de faire légèrement bomber le volume par le milieu. Placé ainsi sous la presse, on le laisse douze heures pour éviter le plissement des feuilles.

De la grecque.

Au sortir de la presse, on grecque le livre pour le coudre, en entaillant le dos du volume à l'aide d'une scie à main, dans le but d'y loger les ficelles servant à soutenir la couverture, et sur lesquelles se trouvent rattachés tous les cahiers par la couture. Voici comment on procède : les cahiers bien égalisés par le dos et par la tête, on les place entre deux planchettes, en ayant soin de faire ressortir le volume de 6 à 8 millimètres du côté du dos ; puis on le met en presse en le serrant très légèrement.

On fait alors, avec la scie, des entailles d'une profondeur égale au diamètre de la ficelle à y loger, les espaçant également entre elles, puis, au-dessus de la première grecque et au-dessous de la seconde, on donne un léger trait de scie servant à loger la chaînette, le livre se trouve prêt à coudre.

Les livres à nerfs ne se grecquent point.

De la couture.

Une fois le volume grecqué, il est prêt à recevoir la couture.

On prépare alors les onglets ou sauvegardes, feuilles de papier placées au commencement et à la fin du volume et servant à garantir le premier et le dernier feuillet pendant le travail.

On pose alors les gardes, que l'on colle au premier et au dernier feuillet en ayant soin de les choisir le plus possible,

de la nuance même du papier employé pour le livre, puis
on commence la couture qui se fait sur un métier que l'on
nomme cousoir, et qui est trop connu pour que nous en
donnions ici le dessin.

Il y a deux sortes de coutures : la couture à nerfs, et la
couture à la grecque.

Pour la couture à la grecque, on coud point arrière l'on-
glet ou sauvegarde, la garde et le premier cahier; tout le
reste est cousu point devant.

Pour la reliure à nerfs, la sauvegarde, la garde et tous
les cahiers sont cousus l'un après l'autre et toujours point
arrière.

On peut coudre aussi à deux ou trois cahiers.

Préparation des ficelles.

Les ficelles jouent un rôle important dans une reliure :
elles servent d'abord à fixer les cartons au livre, puis ensuite à former charnière.

Pour faciliter leur introduction dans les trous pratiqués
dans les cartons, on en encolle les extrémités, ce qui leur
donne une pointe très effilée; mais il faut bien se garder
que la colle ne touche à l'endroit même des charnières, car
elle leur communiquerait de la raideur.

Préparation des cartons.

Les cartons découpés de la grandeur voulue, on les place
de chaque côté du livre; puis, avec une pointe, on trace
juste en regard de la grecque ou des ficelles de la nervure,
une ligne de 10 à 12 millimètres, après avoir eu soin de
faire dépasser les cartons de trois lignes environ du côté
de la tête. Posant alors le carton sur une planche, on perce

à l'aide d'un poinçon deux trous sur cette ligne à 2 millimètres environ du bord et à 5 millimètres l'un de l'autre;
puis on retourne le carton pour faire à côté des deux premiers trous et au milieu de leur distance un troisième trou
qui formera triangle avec les deux autres. On passe d'a-
bord la ficelle dans le premier trou, c'est-à-dire celui plus
rapproché du mors, en tirant le carton contre le dos; et,
repassant ensuite la ficelle dans le second trou, on la serre
alors, puis on l'arrête par un nœud après l'avoir passée dans
le troisième trou du carton.

Ce nœud empêche les ficelles de s'échapper. Il ne reste
plus qu'à aplatir les ficelles avec le marteau sur la pierre à
battre, en tenant le volume par la tranche jusqu'à ce que
les ficelles ne fassent plus saillie. Après avoir étendu et
collé les extrémités des ficelles contre le carton, on égalise
le dos en le frappant à son tour sur la pierre.

Endossage à la française.

L'endossage d'un livre consiste à former son dos : cette
opération s'exécute ordinairement sur plusieurs volumes
à la fois, que l'on met sous presse, intercalant successivement entre eux des ais, en commençant et en terminant par
une membrane.

Après avoir régularisé les ais et les volumes, de manière
à ce que les dos soient tous à la même hauteur, et les
feuillets de même, préparé les mors et les avoir suffisamment relevés pour couvrir les cartons, on arrondit un peu
le dos en faisant baisser les cahiers des côtés avec le poinçon à endosser.

Le dos ainsi préparé, on serre de nouveau fortement la
presse, puis on bat le dos avec un marteau pour faire recouvrir par les cahiers les mors des cartons et égaliser les

têtes et les queues. Lorsque le dos est assez arrondi, on
l'enduit d'une couche de colle forte bien chaude qu'on lisse
avec le grattoir avant qu'elle ne soit complètement séchée.
On renouvelle deux ou trois fois cette opération, puis on
termine en frottant avec une poignée de rognures très douces. Il n'y a plus qu'à redresser les mors avec le plioir.

En cet état, on colle sur le dos une feuille de papier gris
bien enduite de colle d'amidon (1), que l'on a soin de bien
faire prendre sur les mors. Une fois à moitié sèche, on rabat
une seconde fois toutes les inégalités qui auraient pu se
former, et on lisse le dos en le frottant avec le plioir. Le
tout bien sec, on sort le livre des ais, on déchire les faux
onglets, on nettoie les mors, on coupe les fils qui les tiennent,
et on enlève l'excès de colle qui aurait pu y rester; l'opération se trouve terminée. Il y a encore une autre manière
d'endosser que l'on appelle la manière anglaise.

Endossage à l'anglaise.

Ce genre d'endossage le plus généralement employé aujourd'hui est plus simple que celui à la française. Il facilite
beaucoup le travail des mors, surtout quand ils doivent
loger des cartons épais.

Après couture, le volume est battu de tête et de dos, pour
égaliser les cahiers ; puis placé entre deux ais. Les ficelles
se rabattent sur les plats et on enduit le dos de colle de
Flandre un peu épaisse, on laisse sécher. Ceci fait, on met
le volume en presse, ayant la tranche vis-à-vis soi, le premier cahier au-dessus. On égalise ensuite le dos avec le
marteau à endosser pour le régulariser et l'arrondir à son
tour et former les mors, qui s'achèvent dans l'étau. On

(1) Voir la composition de cette colle aux recettes générales.

place les cartons et on encolle de nouveau le dos avec la
colle d'amidon qu'on laisse sécher cette fois et que l'on
polit ensuite avec un frottoir de buis.

Placement des gardes.

Le placement des gardes, bien que très facile à exécuter,
exige encore quelques précautions préparatoires.

Une fois le livre endossé, les mors nettoyés, on enduit de
colle d'amidon, environ 3 centimètres de large, le revers
de la garde de couleur qui doit s'appliquer contre la garde
blanche, en ayant la précaution de l'enfoncer le plus profondément possible dans les mors avec le plioir. La garde
ainsi placée, on achève de la coller entièrement sur la garde
blanche, puis on met le volume sous presse, pour le retirer
de suite afin de pouvoir détacher avec soin les cartons qui
se seraient collés au mors. On laisse sécher. Lorsque l'on
veut placer une charnière en peau, après l'avoir amincie le
plus possible, on la colle préalablement d'un côté seulement
sur la garde blanche et vers le mors ; l'autre côté ou moitié
ne se colle que plus tard, lorsque le livre est ouvert.

Rognure.

La rognure s'effectue à l'aide d'une presse dite à rogner.
Pour exécuter ce travail, il faut tenir compte de certaines
règles établies et dont l'observation permet d'obtenir des
reliures gracieuses et élégantes.

Une des principales conditions d'un bon rognage consiste
à tenir les marges du volume le plus larges possible. Celle
de tête doit avoir plus de largeur que celle de la gouttière
et celle de queue se tient plus grande que celle de tête. Il
faut aussi que le volume soit parfaitement régulier, que

tous les angles soient parfaitement droits, que le dos et la
face du volume présentent deux lignes bien parallèles entre
elles. Ceci observé, on détermine sur le premier et le dernier feuillet ce que l'on doit enlever à la rognure : puis on
place le livre, les cartons abattus en dos, entre deux ais,
dont l'un se trouve plus élevé que l'autre, pour pouvoir
rogner contre. Il faut que la gouttière présente une légère
courbe d'une régularité parfaite. On commence alors à
rogner en faisant glisser le rabot contre la tranche, allon-
geant peu à peu la lame, au fur et à mesure que les rognures
se détachent du livre. On réitère cette opération pour la
tête, puis ensuite pour la queue.

Il nous semble inutile d'entrer dans de plus grands détails
pour un travail que l'on voit faire journellement, pour peu
que l'on ait l'occasion de passer devant l'atelier d'un relieur.
Aucune description ne saurait du reste suppléer à la vue
pour cette opération. On fait alors la tranche unie, jaspée
ou marbrée selon ce que l'on désire.

Pose du signet.

On appelle signet la petite faveur qui sert au lecteur pour
marquer la page où il suspend sa lecture, et lui éviter de
faire une corne à cette page, ce qui détériorerait le volume.
Après l'avoir coupé d'une longueur suffisante, on le colle
sur le dos du livre ; puis on reploie le bout entre deux feuillets pour éviter qu'il ne se salisse dans la suite du travail.
On enveloppe alors soigneusement la tranche avec une
feuille de papier pour la garantir de toute souillure.

De la tranchefile.

La tranchefile est un ornement qui n'ajoute rien à la

solidité du livre, elle ne sert qu'à l'agrémenter en tête et en queue ; elle vient par son épaisseur mettre le dos du livre à la hauteur des cartons. Presque toutes les reliures de luxe en sont pourvues.

La tranchefile se fait sur des noyaux plats ou roulés avec des soies de couleurs ou des fils d'or ou d'argent.

Voici comment se fait la tranchefile : après avoir enduit de colle d'amidon et recouvert de parchemin une feuille de carton, une fois bien sec on en découpe des bandes assez étroites pour faire la hauteur de la châsse des cartons, puis on le recouvre de soies de couleurs symétriquement agencées.

On ajuste alors la tranchefile au volume en la reliant au dos du livre par quelques points pris çà et là dans les cahiers eux-mêmes.

Les deux extrémités du livre tranchefilées, on le met en presse entre deux ais, serrant fortement, on égalise encore le dos au marteau, écrasant les soies qui pourraient faire épaisseur ; puis on passe une couche de colle d'amidon ou de Flandre un peu chaude qu'on laisse sécher. Il n'y a plus alors qu'à coller sur le dos du livre une feuille de papier gris qui relie entre elles les deux tranchefiles sans dépasser les mors. Le tout sec, on retire de la presse. Le commerce livre maintenant des tranchefiles de toutes nuances et d'une régularité parfaite.

Coupage et parage des coins.

Les cartons ayant été coupés en tête et en queue au moment de la rognure, il reste encore à terminer leur coupage du côté de la gouttière ; on bat ensuite les cartons sur la pierre, pour les égaliser et pour leur donner plus de dureté et de raideur. On trempe alors les coins dans de la colle de

Flandre un peu claire et bouillante, puis on laisse refroidir. Une fois secs, on les bat de nouveau pour les rendre uniformes. On habille ensuite les coins soit avec du parchemin, de la toile ou de la peau, en s'y prenant comme nous l'indiquons pour la réparation des coins écornés.

De la couverture.

La couverture d'un livre se fait soit avec du papier, soit avec du parchemin, de la basane, du veau, du maroquin, du chamois, du vélin ou des étoffes. Le choix de la matière ne fait rien pour le travail à exécuter, sauf quelques précautions imposées par la susceptibilité même des matières employées.

Ces précautions prises, on pose le papier destiné à la couverture, ou le genre de peau que l'on a choisie sur un carton bien propre, le beau côté faisant face au carton ; puis on enduit bien également de colle son envers. Prenant alors le livre sur le dos duquel on a préalablement collé la carte devant servir de support au papier ou à la peau, on pose le volume bien au milieu, en ayant soin de ne pas déranger les châsses et de les conserver d'égale grandeur tout autour du livre ; on tend alors le papier ou la peau sur les cartons en tirant et retendant sur tous les sens, pour éviter tout pli, toute tressaillure ; puis on rabat, on achève de coller la peau sur les deux cartons de l'intérieur, en réglant les contours extérieurs.

Telles sont, à peu de choses près, les différentes opérations concourant, les unes après les autres, à la toilette protectrice d'un livre, et qui, tout en lui donnant un cachet de distinction particulier, le met encore à l'abri d'une foule d'accidents auxquels il ne saurait échapper sans cette enveloppe protectrice.

CHAPITRE IV

DE LA RESTAURATION DES VIEILLES RELIURES ET DE LEUR
ENTRETIEN.

La couverture.

Nous ne nous serions pas entretenu aussi longuement sur
l'art de la reliure et sur ses procédés d'exécution, si nous
n'avions pas jugé utile, nous ajouterons même indispensable, d'en connaître à fond toutes les opérations pour pouvoir entreprendre ou diriger avec succès le travail si délicat
et si minutieux de la restauration des anciennes reliures, et
celui non moins utile du nettoyage d'un livre.

Chacune des opérations que nous venons de décrire
trouvera donc, pour un cas ou pour un autre, son application au cours des travaux de réparation auxquels nous
allons nous livrer.

De même que l'homme, le livre est sujet à une foule de
maladies qui, bien qu'accidentelles et souvent sans gravité
au début, pourraient à la longue, faute d'hygiène, privé de
ces mille et un petits soins auxquels nous sommes nous-
mêmes assujettis, et auxquels ils ne peuvent également se
soustraire, leur devenir funeste et entraîner leur perte.

A l'écorchure, aux égratignures, aux déchirures de nos
tissus, ils répondent par les écorchures, les égratignures, les
déchirures des peaux qui les recouvrent. Avec nos abcès,
loupes, verrues, ils mettent en parallèle les leurs ; comme
nous, ils ont leurs maladies contagieuses : leurs dartres,

leur gale, leur lèpre, leurs chancres, dérivant des moisissures qui les envahissent et souvent les condamnent à une mort certaine.

Les brusques transitions du chaud au froid leur sont aussi funestes qu'elles le sont pour nous et opèrent sur eux, comme elles produisent sur nous, de terribles effets ; en sorte que l'homme et le livre, de nature tout à fait dissemblable, puisque l'un est animé et l'autre inerte, n'en sont pas moins astreints aux mêmes maux, et n'en exigent pas moins les mêmes soins.

C'est dans le Bibliophile leur ami, dont ils charment la vue et récréent l'esprit, qu'ils doivent trouver l'auxiliaire compatissant appelé à leur prodiguer les soins empressés que nous savons exiger de nos semblables : car le livre est plus que l'homme ; il renferme en lui la pensée, l'âme, l'essence de plusieurs hommes, et leur survit souvent bien des siècles après leur mort.

Soyons donc aux petits soins pour ces amis fidèles, pour ces amis que nous trouvons toujours sous la main, témoins passifs de nos joies et de nos peines ; pour ces consolateurs patients qui, en captivant notre esprit, y répandent les rayons lumineux de leur bienfaisante clarté.

Comme la pâle jeune fille qui, privée d'air et de lumière, s'étiole dans de somptueux palais, entourée de fleurs et de dentelles, le livre privé d'air et de lumière se consume de lui-même sur les rayons capitonnés de sa prison dorée ; et sa robe délicate s'éraille et se déchire au moindre contact, au plus petit frôlement d'une planche mal rabotée, d'un fermoir trop anguleux, ou d'une tête de clou mal enfoncé, comme le ferait la plus légère robe de gaze, de soie ou de velours.

Ses maroquins, ses veaux, ses chamois sont si susceptibles qu'ils s'altèrent aux moindres froissements.

Que faire en pareil cas ?... si ce n'est d'appeler de suite le médecin pour enrayer le mal à son début.

Le médecin du livre, c'est le restaurateur. C'est donc à son art que nous allons recourir pour remédier à tous les accidents auxquels il est exposé.

La reliure, comme nous l'avons dit ci-dessus, étant un art et un métier tout à la fois, nous conseillons aux amateurs de ne point chercher à l'entreprendre, à moins de dispositions toutes particulières, et ce, sous la direction d'un homme du métier.

Ce que tout le monde peut aborder, ce que tout le monde peut entreprendre avec chance de succès, c'est l'entretien et la réparation des livres, travail qui n'exige que de l'adresse et de la patience.

C'est donc à ce dernier point de vue que nous allons nous placer et vers sa bonne réussite que vont tendre tous nos efforts.

Des coins écornés. — Leur redressement.

L'accident qui arrive le plus fréquemment aux livres, celui auquel les reliures semblent prédestinées, est, sans contredit, l'écornement des coins.

Il est bien rare qu'un livre, quel qu'il soit, à n'importe qui il ait appartenu ou appartienne, n'ait au moins subi une ou plusieurs fois de ces chutes malencontreuses qui, en altérant la rectitude de ses angles, lui enlèvent la pureté virginale de sa reliure et le font reléguer de suite au second rang comme valeur et comme beauté.

Avec un peu d'art, on remédie facilement à cet accident : si on ne parvient pas à rendre au livre toute son élégance première, on lui redonne du moins cet aspect primitif qui charme l'œil et contente même les amateurs les plus exigeants.

On peut diviser en trois catégories bien distinctes les accidents qui surviennent aux coins des livres, savoir :

1° Les coins légèrement écornés :

2° Les coins fortement avariés ;

3° Les coins brisés et à refaire.

Lorsqu'il s'agit de redresser un coin légèrement écorné, on a recours au marteau. La corne se faisant toujours en dedans de la reliure, on ouvre alors la couverture du livre et, la posant la face intérieure sur un corps plat et dur, on frappe légèrement et à petits coups de marteau bien à plat, de manière à redresser progressivement la corne, en évitant d'y arriver du premier coup. Cette simple opération suffit la plupart du temps, si le mal n'a été que léger.

Se trouve-t-on au contraire en présence d'un coin fortement endommagé, il faut, si le livre est couvert en peau, soulever la peau à l'endroit du coin, en la décollant du carton, puis la redresser avec infiniment de précautions pour la rabattre sur la couverture, en évitant bien de la casser. Le carton du coin mis à nu, on commence à le battre légèrement au marteau.

On lui redonne toute la raideur voulue en le trempant dans la colle forte très chaude, et en le soumettant à un nouveau battage. Pour remédier à l'amincissement qui se produit dans le carton, on le rengraisse en dessus et en dessous avec quelques bandes de papier que l'on a eu la précaution d'amincir à rien, avec du papier de verre, sur la partie devant se raccorder avec le carton. Une fois le tout bien sec, on unit et on lisse encore cette partie avec du papier de verre n° 0, afin qu'il n'existe aucune ligne de démarcation entre les bandes de papier rajoutées et le corps du carton lui-même ; puis on régularise et on règle les bords extérieurs du carton en les coupant avec la règle et le couteau :

car le battage, en amincissant le carton, l'a également allongé.

Mouillant alors légèrement la peau à l'envers, on l'enduit de colle et on la retend le plus possible sur le coin pour lui faire reprendre sa place première.

Il arrive cependant quelquefois qu'il n'est plus possible de recouvrir le coin avec la peau, tellement celle-ci a été détériorée. Alors on a recours à un autre moyen, qui consiste à substituer de nouveaux coins à ceux qui manquent, soit en parchemin, soit en peau, suivant la nature de la reliure que l'on a à restaurer.

La grandeur du coin se règle alors d'après le mal à réparer et le format du volume. Si c'est un coin en parchemin qu'il faut remettre, on en prend une bande que l'on enduit de colle du côté de la fleur; puis on plie cette bande en deux, colle contre colle, donnant bien à cette dernière le temps de pénétrer le parchemin. Ceci fait, on sépare les morceaux en coupant le pli avec les ciseaux, puis on coupe ce carré diagonalement, c'est-à-dire d'angle en angle, ce qui forme quatre triangles servant à habiller les angles du livre. Pour les angles en peau, on procède de la même manière; seulement on a soin d'en amincir les bords extérieurs à rien avec un rasoir, ce qui évite toute épaisseur, soit sur le plat de la couverture, soit sur la jointure intérieur du livre. On rabat et l'on unit encore au besoin avec le plioir pour n'avoir aucune espèce de saillie.

Le troisième cas de restauration consiste à refaire les coins qui manquent ou ceux qui sont tellement avariés qu'il est impossible de leur faire subir avec fruit les deux opérations précédentes. Voici alors comment on procède. Si le coin manque complètement, on en refait un autre; s'il en reste une partie, on utilise cette partie pour se greffer sur elle.

Supposons, par exemple, que dans un volume in-12 il y ait eu un coin entièrement disparu. Voici comme on devrait

procéder pour le refaire. Posant le livre, le dos sur une
pierre et l'ouvrant, on laisse tomber le couvercle avarié ; le
côté intérieur du livre se trouve donc tourné vers le ciel, on
prend alors un rasoir bien coupant, et l'on taille le carton
du couvercle en sifflet, s'y prenant du plus loin possible
pour obtenir un biseau d'au moins 5 à 6 centimètres de longueur. On répète cette même opération en sens inverse, sur
un morceau de carton de même épaisseur que celui du couvercle ; puis on les ajuste bien ensemble en limant ou râpant
à plat ces deux parties, les tenant plutôt un peu plus hautes
que plus basses que le corps même du couvercle. Ceci fait,
on enduit les deux côtés râpés de colle forte, et les plaçant
l'un contre l'autre, on les bat avec le marteau. On laisse
sécher la colle ; puis on retrempe de nouveau le coin ainsi
réparé dans de la colle chaude, battant le carton jusqu'à
ce qu'il ait atteint l'épaisseur voulue. Une fois sec, on égalise au couteau et à la règle, coupant l'excédant de carton
qui dépasse. On a par ce moyen un nouveau coin aussi
solide et aussi régulier que le premier.

Il ne s'agit plus que de recouvrir avec de la peau. Pour
cela, on procède comme nous venons de le décrire ci-dessus,
au sujet de la seconde opération, en ayant soin de diminuer
avec la râpe, sur le carton, l'épaisseur de la peau, pour que
le tout soit parfaitement uniforme une fois collé ; un coup
de roulette ou un filet achève de dissimuler et de noyer
la ligne de raccord formée par la jointure du coin avec l'ancienne peau.

C'est ainsi et sans plus de difficulté que l'on remédie aux
accidents qui surviennent si souvent aux coins des livres ;
malheureusement ce ne sont point les seuls qu'on ait à
réparer, comme nous allons le voir ; car il y a encore les
déchirures de la couverture, qui, elles, sont d'une nature
beaucoup plus grave et dont nous allons parler tout à l'heure.

Revernissage des couvertures.

Lorsqu'il ne s'agit que d'un simple frottement des volumes entre eux, frottement qui fait perdre aux couvertures des livres leur brillant et leur éclat, on y remédie facilement en étendant sur la surface devenue mate une couche de colle d'amidon que l'on étale et que l'on frotte avec un vieux gant. Aussitôt que la colle est à peu près sèche, on frotte de nouveau avec la paume de la main jusqu'à complète sécheresse; on ravive alors le brillant à l'aide d'une couche de vernis à lustrer posé au pinceau et dont nous donnons la recette à la fin de ce volume. Une fois ce vernis sec, on le polit au moyen d'un morceau de drap légèrement enduit d'huile d'olive, en s'y prenant exactement comme les ébénistes le font pour vernir les meubles.

Pour les couvertures en parchemin, on leur redonne du brillant en les passant au brunissoir, légèrement chauffé à l'eau bouillante. Un corps gras, passé préalablement sur le parchemin, ne produit pas mauvais effet et facilite l'action du brunissoir tout en concourant à l'éclat de la couverture.

Le maniement d'un livre, le contact réitéré des doigts sur les couvercles, dépose souvent en certains endroits une couche de crasse nuisant à la propreté et à l'élégance du vêtement du livre; on y remédie en le nettoyant avec une éponge douce imprégnée de gelée de savon blanc. Le maroquin et le veau se prêtent à merveille à ce décrassage.

S'il s'agit d'une tache d'huile ou de graisse, il faut avoir recours au savon noir, et quelquefois à l'ammoniac. Il ne faut pas oublier, si l'on se sert d'ammoniac, de laver ensuite la place ainsi traitée avec de l'eau légèrement acidulée pour détruire l'effet du premier lavage qui ferait infailliblement noircir le cuir.

La benzine est aussi d'un excellent secours pour enlever ces sortes de taches; mais, en s'en servant, il faut opérer vivement eu égard à sa prompte évaporation.

Éraflures, écorchures, morceaux complètement détériorés à la couverture.

Nous arrivons maintenant à des accidents d'une nature beaucoup plus sérieuse, nous voulons parler des *éraflures*, des *écorchures de la peau*, voire même des *déchirures et des parties qui manquent complètement*, sans compter les gonflements occasionnés par l'humidité, l'écaillage et le fendillage qu'un séjour prolongé au soleil et à l'humidité amène inévitablement.

L'éraflure simple se restaure facilement en retendant au brunissoir la partie racornie et en la recollant à sa place primitive.

L'écorchure produite par un clou, une planche rugueuse, mal rabotée, un fermoir ou un coin de livre ou tout autre corps rustique et anguleux, se répare beaucoup plus difficilement, suivant la profondeur et la largeur de la blessure; puis aussi d'après la matière employée pour la couverture, soit veau, soit maroquin ou basane.

Supposons que nous nous trouvions en présence d'une large et profonde écorchure faite dans une couverture en veau (fig. 2), nous y remédierons en commençant par humecter la partie malade en la blassant légèrement avec un chiffon faiblement humide, de manière à ce qu'il ne fasse que ramollir la peau sans la mouiller complètement; puis nous retendrons bien toutes les parties racornies pour leur faire reprendre l'ancienne place qu'elles occupaient auparavant. Ceci fait, on relève de nouveau les parties rajustées de la peau, où affleure le carton endommagé servant de support à la peau et qui, lui-même atteint par le choc, se trouve troué et renfoncé en forme d'entonnoir (fig. 2, X). Pour ce faire, on commence par marteler légèrement la partie faisant saillie à l'intérieur du couvercle, en admettant que le coup ait été reçu extérieurement, ensuite on rebouche ce trou avec un mastic composé de colle forte et de poudre de pastel. On affleure bien

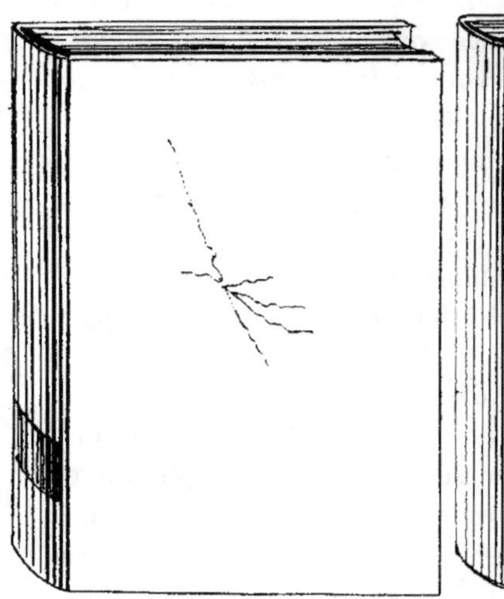

Fig. 1.

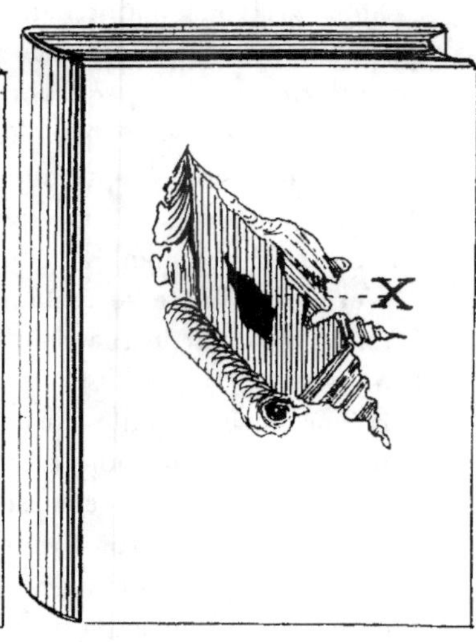

Fig. 2.

avec la surface du carton et on laisse sécher à l'air libre Douze heures après, on reprend le livre ; on humecte de nouveau la peau, comme on l'avait fait préalablement ; puis, passant une couche de colle d'amidon sur le carton restauré, on rabat et rétend les écorchures en leur faisant reprendre avec le brunissoir la place qu'elles occupaient auparavant.

Si l'opération a été bien faite, avec toute la patience et

l'art voulus, il est presque impossible de s'apercevoir des
raccords de la peau (fig. 1).

Mais il faut tout prévoir dans l'art de la restauration, et
il pourrait bien se faire que quelques parcelles de peau
aient disparu, laissant par conséquent un léger vide, une
fois le travail terminé; cela n'a rien d'inquiétant. Voici
comment on y remédierait, en supposant, car il faut tout
admettre, que l'on soit en présence d'une peau excessivement rare, ou d'une couleur toute particulière. On humec-
terait la garde intérieure de la couverture de façon à pouvoir soulever cette dernière, et on enlèverait, par un trait
de canif, la bande de peau que cette garde recouvre, puis
on recollerait la garde. Il faut des précautions infinies pour
ne point altérer sa couleur; de cette manière on se procurerait la peau nécessaire à la restauration.

Le moyen qui réussit le mieux pour décoller le papier
est encore la vapeur d'eau, en plaçant la partie à décoller
au-dessus de l'eau bouillante, sans la toucher bien entendu.

Avec une râpe très fine, on râpe le cuir ainsi obtenu, ce
qui donne une poudre semblable à celle du tabac. Ayant enduit l'espace à reboucher d'un peu de colle, on y introduit
cette poudre que l'on y loge et que l'on y enfonce à l'aide
du brunissoir; la colle fait adhérer ensemble toutes ces
molécules, et le trou se trouve rebouché exactement de la
même nuance et avec le même velouté que la peau elle-
même. Ceci ne peut se faire, bien entendu, que pour des
trous de la grosseur d'une piqûre de vers. On repolit et on
relustre ensuite le veau par les procédés ordinaires.

La réparation la plus difficile consiste dans la remise
d'une pièce ou morceau de peau sur la couverture d'un
livre. Bien qu'elle se fasse de différentes manières, nous
avouons franchement que, sauf quelques rares exceptions,
toutes celles que nous avons vues laissaient beaucoup à

désirer. Dans les unes c'était l'épaisseur formée par la
pièce rapportée qui la rendait défectueuse; dans d'autres,
au contraire, c'était l'incrustation de cette même pièce qui
était sujette à critique, enfin les pièces découpées d'une
façon irrégulière et juxtaposées comme de véritables mosaïques ne valaient guère mieux. Aussi, en rejetant tous

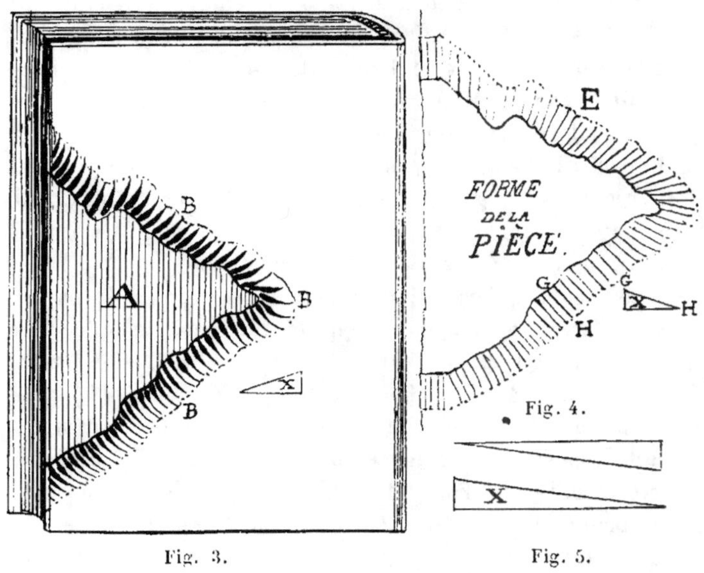

Fig. 3.   Fig. 4.

                          Fig. 5.

ces procédés, avons-nous essayé de les remplacer par un
système tout particulier qui nous est propre et qui donne
de meilleurs résultats : voici comment nous procédons.

La figure 3 nous montre l'étendue du désastre : la partie A,
celle à réparer.

Après avoir bien nettoyé et avivé les bords de la déchirure, nous en relevons exactement les contours avec un
papier à calquer. Ceci fait, nous traçons légèrement à la

craie ou au crayon, sur la partie du livre restée intacte, la
ligne pointillée indiquée fig. 3 B, en suivant exactement, à
2 centimètres de distance, tous les contours de la déchirure; puis nous commençons à opérer sur cette partie en
l'abattant insensiblement en biseau ou sifflet avec un rasoir
jusqu'au pied de la déchirure pour former le triangle rec-
tangle X (fig. 3).

Nous prenons alors un morceau de peau réassortie
comme couleur à celle que nous avons à raccorder, puis, une
fois tendue sur une planche, nous décalquons à l'envers la
forme exacte de la déchirure que nous avons relevée sur
notre papier calque (fig. 4); nous décrivons tout autour de
cette déchirure et à 2 centimètres une ligne pointillée E
exactement semblable à celle que nous avons tracée fig. 3 B;
puis nous découpons notre morceau en suivant exactement
les contours de cette ligne pointillée. Prenant alors le rasoir,
nous procédons en sens inverse de ce que nous avons fait
sur la couverture, c'est-à-dire que la partie la plus épaisse
de notre biseau part alors de la ligne intérieure de notre
pièce, de G pour venir mourir en H ou ligne extérieure
circonscrivant la pièce; ce qui, pour les deux parties mises
en contact l'une sur l'autre, représente comme profil (fig. 4),
le triangle G X H ou les deux triangles X (fig. 5). La pièce est
prête à être mise en place, il n'y a plus qu'à enduire de colle
d'amidon un peu épaisse le carton, la peau et le biseau des
deux pièces, et à les présenter l'une sur l'autre avec la plus
grande exactitude, en aidant leur adhérence avec le brunissoir et la paume de la main. Si les biseaux ont été bien faits,
il est impossible de voir une pièce ainsi rajustée, les deux
peaux n'en faisant qu'une et se fondant pour ainsi dire
l'une dans l'autre.

Il nous reste maintenant à parler de l'écaillage et du
fendillé des peaux, accidents produits le plus souvent par

les alternatives de l'humidité, de la chaleur et du soleil.

En présence de ce désastre, car c'en est un réellement, surtout quand le mal est étendu, nous ne savons s'il ne vaudrait pas mieux recourir à une nouvelle reliure : quoi qu'il en soit, voici le remède que nous conseillons. Après avoir bien épousseté et brossé le livre, fait tomber toutes les parties écaillées ne tenant plus, on choisit un pastel de même nuance que la peau à restaurer, puis, le mêlant à de la colle forte additionnée d'*une goutte d'huile de lin* (1), on en forme un mastic qui sert à reboucher toutes les fentes, tous les trous laissés entre les parties écaillées et celles qui ont disparu (c'est du reste le même procédé que nous employons pour la restauration des tableaux), on pourrait au besoin former le corps de cette colle avec de la limaille de peau que l'on brunirait une fois sèche). On procède ensuite au raccord de la peau par des teintures, tel qu'il est indiqué au chapitre qui suit ; mais ce n'est là, nous le répétons, qu'un palliatif très défectueux par lui-même.

(1) La présence d'huile de lin dans la colle sert à lui donner de l'élasticité et à faire sécher plus vite le mastic.

CHAPITRE V

DE LA TEINTURE DES CUIRS ; LEUR RACINAGE.

La pièce une fois remise en place, il faut songer maintenant à raccorder sa couleur et son décor avec l'ornementation du restant de la peau qui subsiste de l'ancienne couverture ; imiter avec plus ou moins de génie et d'art les
racines d'arbres, les nœuds, les mailles qui s'y trouvent
figurés, de manière à ce que rien ne choque l'œil et ne
vienne révéler ostensiblement le travail de la restauration.

La bonne exécution du racinage dépend de la célérité et
de la décision que l'on apporte dans son exécution : il est
donc important que rien ne vienne y apporter de retard ;
aussi faut-il tout disposer en conséquence pour éviter le
moindre tâtonnement, le plus petit retard. Les pinceaux (1),
les éponges, les pattes de lièvre, les tringles en bois, le tout
bien disposé, on commence l'opération ; muni de deux tringles de bois d'environ 9 centimètres de large et 4 d'épaisseur, sur 2^m,25 ou 2^m,30 de longueur, creusées en forme de
gouttières, on place le volume sur ces tringles, la tête en
haut ; toutes les feuilles se trouvent prises alors entre les
deux tringles et l'envers des deux cartons posé à plat sur
ces mêmes tringles. Ceci fait, on préserve les dos, s'ils ne
doivent pas être racinés, avec une tringle de bois de leur
largeur, formant gouttière pour bien les y emboîter.

(1) Les pinceaux à raciner sont faits avec des racines de riz ou de chien-
dent : ils sont gros et ressemblent à de véritables balais.

On entreprend alors le raccord du racinage avec les anciennes parties qui restent et qui doivent s'harmoniser ensemble.

On commence par bomber ou creuser les cartons des couvertures, préalablement encollées, suivant le sens que l'on désire donner aux veines.

Avec le pinceau, on jaspe de l'eau bien également et à grosses gouttes sur toute la surface à raccorder (ayant eu bien soin de protéger, par un carton découpé, les parties de l'ancienne couverture) ; puis, sans perdre une minute, dès que l'on voit les gouttes d'eau se réunir entre elles, on jaspe alors de l'eau de potasse pour obtenir une teinte rougeâtre : il n'y a plus qu'à jasper du noir en gouttes très fines bien également partout, sans trop en mettre toutefois. Après quelques moments d'attente, juste ce qu'il faut pour laisser se foncer les veines, on lave le tout à l'éponge et on laisse sécher. On serge ensuite avec un morceau de drap ou de flanelle.

Pour nuancer les fonds, on passe avec la patte de lièvre deux ou trois couches d'une couleur unie, suivant la nuance que l'on désire obtenir.

Une foule de trucs, de ficelles, servent à produire des effets surprenants. L'éponge trempée dans différentes couleurs appliquées de différentes manières produit à elle seule divers accidents bizarres et capricieux qu'il serait impossible d'imiter même au pinceau.

Aussitôt le livre rincé et séché, on le remet en presse pour ne le retirer que quelques heures après.

CHAPITRE VI

La poussière, l'humidité, l'usage répété d'un livre, peuvent altérer sensiblement sa tranche, mais il est très facile de la raviver et de lui redonner une fraicheur nouvelle.

Si la tranche est simplement salie par la poussière, le livre mis en presse, on la nettoie avec de la mie de pain, puis on la lustre avec le brunissoir.

L'humidité, le soleil en ont-ils terni la couleur, on la ravive en refaisant la tranche. Le vermillon, le jaune, le bleu sont les couleurs le plus généralement employées dans les teintes unies. Dans le jaspé ou le marbré, on se sert de toutes les couleurs de la palette; on délaye ces couleurs en poudre à l'eau gommée ou à la gélatine. Mettant le volume sous presse, on passe au pinceau deux ou trois couches de couleur sur les tranches du volume, suivant la nuance plus ou moins foncée que l'on désire obtenir. Une fois sec, on brunit comme il est dit ci-dessus.

Le graineté s'obtient à l'aide d'une raquette tendue en fil de laiton et sur laquelle on promène la brosse chargée de couleurs au-dessus du livre.

Le marbré et le jaspé des tranches est une opération qui demande beaucoup d'habileté et de pratique pour la préparation de la couleur et du trempage; mais, pour la restauration partielle et le ravivage, il ne faut que de l'adresse et de la patience, car cette retouche se fait à l'aquarelle ou avec des couleurs liquides à base d'aniline.

La *tranchefile* ne se nettoie pas ; si elle est défectueuse, on la supprime en la remplaçant par une autre, copiée exactement sur le même modèle que celle que l'on retire. Nous en avons parlé ci-dessus ; inutile d'y revenir.

CHAPITRE VII

Les gardes de couleur se remplacent facilement, car le commerce livre aujourd'hui des papiers marbrés, jaspés, racinés, etc., de toutes nuances; il n'y a que le choix qui embarrasse.

Si l'on tenait cependant à n'employer que du papier ancien, on s'en procurerait facilement en achetant de vieux bouquins sans valeur chez les marchands de livres anciens, et en enlevant les gardes pour s'en servir après les avoir nettoyées. Les signets se placent comme nous l'avons indiqué page 215.

De la dorure et des fers.

On donne le nom de fers à des outils en cuivre qui servent à imprimer divers ornements sur la couverture des livres. Les noms de ces outils varient suivant les usages auxquels ils sont destinés : il y a des *fers à dos*, des *fers à écussons*, des *fers à armes*, des *fers à palettes*, *à roulettes*, *à filets*, etc.

Nous n'entrerons point dans les détails pratiques de l'application des fers sur les couvertures ; cela exige une trop grande pratique ; mais nous allons décrire les moyens de restaurer et de rajouter ces ornements, lorsque, par le temps ou un usage trop réitéré du livre, ils ont disparu en certains endroits. Voici comme il faut s'y prendre :

Après avoir bien déterminé la nature de l'ornement qui manque, on cherche sur la couverture celui qui est le mieux réussi, le plus net, le mieux apparent. On passe sur cet ornement un pinceau enduit à sec de poudre de talc impalpable, n'y laissant qu'un léger voile ; puis, prenant un peu de cire à modeler, on la pose sur l'ornement à relever, en exerçant sur elle une assez forte pression pour la forcer à pénétrer dans les creux du dessin : on relève alors la cire avec beaucoup de précaution pour ne rien déformer, et l'on a en relief la partie de fleuron dont on a besoin. On entoure cette cire d'une bandelette de papier, et on coule du plâtre tamisé très fin et délayé dans l'eau. Ce plâtre, une fois sec, débarrassé de la cire qui l'entoure, donne un cachet en creux qu'on livre au fondeur en cuivre pour avoir le fer en relief.

Ayant cet outil, on peut commencer la restauration de la dorure qui se résume en trois opérations bien distinctes :

1° Le glairage,

2° Coucher l'or,

3° La dorure.

Glairer.

Pour glairer, on prépare une mixtion composée de blanc d'œuf, d'eau et d'esprit-de-vin dans les proportions que nous indiquons à la fin de ce volume au chapitre des Recettes, et on en passe une ou deux couches au pinceau sur la partie à redorer, soit veau, maroquin, basane ou vélin, en laissant successivement sécher chaque couche.

Pour la soie, le velours, la moire, on remplace la mixtion glaireuse par une poudre formée de blanc d'œuf desséché et d'encens pulvérisé et tamisé de manière à former une poudre impalpable. La chaleur du fer mise en contact avec l'or posé sur les endroits à dorer fait fondre la résine et adhérer l'or.

Coucher l'or.

Il est fort peu de personnes qui n'aient vu, au moins une fois dans son existence, un doreur appliquer de l'or soit sur des cadres, soit sur des lettres ou filets à l'intérieur ou à l'extérieur des devantures de boutiques ; nous nous dispenserons donc de décrire cette opération à laquelle la vue seule peut initier, et qui est la même pour les livres. On peut également, au lieu de porter l'or sur la couverture du livre, faire l'inverse et appliquer la couverture sur l'or, si l'on n'est pas assez habile pour procéder autrement.

Il faut, avant de poser l'or sur la partie glairée, passer sur cette dernière un morceau de drap légèrement enduit de suif.

Dorer.

L'or ainsi couché, le doreur, avec ses outils de cuivre gravés en relief et montés de manches en bois, vient fixer l'or sur tous les points en faisant toucher son fer chauffé à un certain degré sur les places désignées pour refaire l'ornement qui y manque.

Cette opération se fait toujours à chaud et réclame beaucoup de goût, de précision et d'adresse.

Les ornements ainsi redorés sont toujours vifs et criards ; on remédie à cet inconvénient en passant dessus une couche chaude de colle de poisson, ou de la glaire maniée soit avec de la sépia naturelle, de la sépia colorée ou de la gomme gutte, voire même avec du jus de réglisse ou du bitume.

Il arrive quelquefois que certains ornements sont seulement gaufrés et rehaussés de couleur, alors on évite d'y coucher de l'or ; la chaleur du fer suffit pour refaire le fleuron et marquer le filet.

Dorure de la tranche.

Il est fort difficile de réparer la dorure des tranches d'un
livre, surtout quand l'or en est presque complètement disparu par endroits ; alors il est préférable de faire redorer
les tranches par un homme du métier, car cette opération
ne se réussit bien que par la grande pratique. Cependant,
s'il ne s'agissait que d'un simple nettoyage pour enlever la
poussière, il suffirait, le livre étant en presse, de passer sur
la tranche, d'un seul coup et sans y revenir, une éponge
humide. Une fois la tranche bien séchée et toujours en
presse, on la repolirait avec le brunissoir.

Lorsqu'il n'y a que quelques taches occasionnées par un
manque de dorure, on y remédie par l'application d'or en
coquille que l'on teinte à l'aquarelle dans la nuance de l'or
de la tranche, en délayant l'or et la couleur avec un peu de
glaire d'œuf ou de colle de poisson. Une fois bien sec, il ne
reste plus qu'à brunir le tout.

Si cependant on désirait redorer soi-même les tranches
d'un livre, le livre alors mis en presse, on appliquerait sur
ses tranches deux ou trois couches de la mixtion à dorer
(voir chapitre des Recettes), puis, après avoir bien poli cette
couche, on y applique l'or en feuille, que l'on brunit ensuite.

Des titres et des ornements.

Rien n'est plus simple que la mise des titres ou des ornements ; il suffit d'un peu d'adresse et de beaucoup de goût.
On prépare l'endroit qui doit recevoir les lettres ou les
ornements avec un peu de glaire d'œuf (la mixtion indiquée
ci-dessus est excellente pour cet usage), puis on applique
une feuille d'or. Ceci fait, on pose dessus les caractères bien

chauds, en appuyant fortement : la chaleur coagule l'albu-
mine à l'endroit où le fer a porté et la lettre ou l'ornement
se trouve fixé. En lavant doucement avec une éponge, on
enlève l'excès d'or dans tous les endroits où il n'a pas été
directement en contact avec le fer chaud.

CHAPITRE VIII

S'il est bon d'apporter tous ses soins à la couverture d'un livre, la partie intérieure le constituant, c'est-à-dire le livre par lui-même, mérite aussi d'être traitée avec certains ménagements, certains égards ; car si ce qu'il renferme ne fait pas toujours sa valeur vénale, il n'en est pas moins la cause directe donnant naissance à la couverture : nous allons donc nous occuper de sa restauration.

Supposons pour un moment que nous nous trouvions devant un livre défectueux sous tous les rapports : mauvaise couverture, feuillets malpropres, maculés çà et là de taches d'encre, d'huile, de rouille, mais dont la valeur littéraire, ou même l'édition épuisée en ont fait une rareté ; ce livre ne peut décemment prendre place sur les rayons de luxueuses bibliothèques. Ce serait y introduire une brebis galeuse, un paria mis à l'index entre tous les autres volumes : trouble fête dont la gamme discordante viendrait jeter le désordre au milieu de cette assemblée choisie où les princes de la science trônent fastueusement installés, côte à côte, avec les merveilles de la reliure, sur de riches rayons capitonnés.

L'art de la restauration des livres a rendu humains les amateurs, et grâce à elle, toutes les épaves qui ont eu leurs beaux jours et qui sont encore dignes, par leur mérite et leur valeur, de figurer dans une bibliothèque ne seront plus, à tout jamais, bannies de cette brillante société dont elles ont fait autrefois l'ornement, et dont un sort malencontreux les a momentanément séparées.

Déshabillées, rajeunies, embellies même au besoin par le maquillage artistique, ces *prima-donna* surannées par les mauvais traitements retrouveront, dans l'art du restaurateur de livres, un lustre régénérateur qui, dissimulant leurs rides, leur redonnera un nouveau printemps.

Beautés déchues, mais rajeunies, elles iront, ces coquettes vieillies avant l'âge, parées de leur nouvelle robe élégante, coiffées de l'auréole de la simili-beauté première, raconter aux autres volumes au milieu desquels elles retrouveront leur place, la longue et intéressante odyssée de leurs aventureuses pérégrinations.

Démontage d'un vieux livre.

Le démontage d'un livre, travail très facile par lui-même, demande cependant beaucoup de précautions pour ne rien avarier.

On commence par enlever les gardes dans les mors; ensuite on soulève la peau des couvertures pour pouvoir couper les fils et séparer le livre de son enveloppe. Ceci fait, on coupe les chaînettes de tête et de queue, reliant entre eux tous les cahiers du livre ; puis on enlève un à un ces cahiers, en évitant la moindre déchirure. Les cahiers ouverts, on en enlève les fils, et chaque page subit à son recto et à son verso un premier nettoyage à la mie de pain rassis, dont le but est d'enlever ce que la poussière ou la malpropreté y aurait déposé.

CHAPITRE IX

LAVAGE ET ENLEVAGE DES DIFFÉRENTES TACHES.

Corps gras.

Pour enlever les taches graisseuses on a recours au fer
chaud et au papier buvard, que l'on passe sur la tache à
enlever ; une fois dégagée du plus gras, on passe sur la
tache, des deux côtés de la feuille, un pinceau trempé dans
de l'essence de térébenthine fraîche et très pure ; la tache
disparait, après avoir réitéré une ou plusieurs fois cette
opération.

Ceci fait, il ne reste plus, après avoir épongé l'excès
d'humidité, qu'à passer avec un pinceau de l'alcool de
vin rectifié, pour enlever ce qui pourrait rester de la tache.
On suspend la feuille détachée sur une ficelle pour la faire
sécher et le papier reprend sa blancheur primitive.

Taches d'encre, de suie, de tabac et de rouille.

Les taches de graisse ne sont pas malheureusement les
seules qui viennent détériorer les feuillets d'un livre ; il y
en a encore d'autres, l'encre par exemple, dont la présence
journalière à côté du livre constitue pour lui une menace
perpétuelle, y laissant, hélas ! trop souvent la trace indélébile de son voisinage. Viennent ensuite les taches de rouille,
de suie, ou de tabac.

On enlève toutes ces taches en plongeant les feuilles maculées dans une cuvette en porcelaine (1), contenant une solution d'acide tartrique, composée de :

Eau,

Acide tartrique.

On chauffe jusqu'à ébullition, et aussitôt la tache disparue on transvase le liquide pour le remplacer par de l'eau fraîche.

Ces deux opérations se renouvellent jusqu'à ce que les taches soient complètement enlevées.

Nous donnons, dans nos recettes, un autre procédé pour enlever les taches de rouille et d'encre; il consiste dans l'emploi du sel d'étain. Nous renvoyons nos lecteurs à la 4° partie, page 254.

Comme le maniement des feuilles est très difficile et fort susceptible, dans cette opération, nous y remédions en posant un fond factice en verre double dans la cuvette; il est facile alors, sans toucher au papier, d'enlever les feuilles avec le verre pour les plonger et replonger dans l'eau froide sans s'exposer à les détériorer.

Une fois la tache disparue, le papier bien lavé, on suspend les feuilles sur des ficelles et on les laisse sécher à l'air libre. Il n'y a plus alors qu'à encoller le papier.

Un autre moyen pour enlever les taches d'encre consiste dans l'emploi de l'acide oxalique, qui se fait de la même manière que pour le procédé que nous venons de décrire ci-dessus.

Les taches de rouille se traitent de la même manière que les taches d'encre.

Des taches de sang, chies de mouches, taches de boue.

Quelques lecteurs, sujets à de fréquents saignements de

(1) Les cuvettes servant à la photographie sont excellentes pour cette opération, car elles supportent parfaitement l'action du feu.

nez, sont souvent surpris à l'improviste par la tache révé-
latrice venant par sa couleur vermeille annoncer mais trop
tard, en tombant sur le feuillet du livre, l'indisposition
passagère dont ils sont atteints.

Il faut, pour enlever ces taches, les couvrir de chlorure
de chaux en pâte, et l'y laisser séjourner au moins une
demi-heure ; puis ensuite on le retire par un lavage à l'eau.
Il reste une tache jaunâtre, que l'on fait disparaître avec
de l'eau faiblement acidulée.

Le chlorure de chaux, l'acide oxalique enlèvent également les chies de mouches, les taches de boue, etc.

Mouillures et moisissures.

La mouillure des feuilles occasionnée par l'infiltration
de l'eau à travers les tranches d'un livre ou par toute autre
cause accidentelle, quoique très grave en apparence, puisqu'elle forme sur la feuille, autour de la tache, une espèce
d'auréole ou de carte de géographie roussâtre en décom-
posant les matières colorantes adhérentes à la surface du
papier, sont très anodines en elles-mêmes ; il suffit d'un
lavage de quelques heures à l'eau pure ou à l'eau de chlorure de chaux pour les faire disparaître.

La moisissure est la plus terrible de toutes les taches ;
c'est la véritable gangrène du livre, et, quand elle est bien
accentuée, nulle opération ne pourrait le sauver de cette
terrible maladie, entraînant avec elle la décomposition de
la pâte du papier.

Là, tous les remèdes peuvent être employés ; le malade
est condamné à l'avance, il faut essayer et, quoique les mi-
racles ne soient plus à la mode, qui sait si un hasard pro-
videntiel ne viendra point couronner la persévérance ?

CHAPITRE X

Lorsque le papier a subi une ou plusieurs des opérations décrites ci-dessus, son encollage a complètement disparu, le papier est redevenu mou et flasque. On lui redonne de sa raideur en le trempant dans un bain d'encollage composé tel que l'indique la formule décrite au chapitre des recettes, augmentant ou diminuant la quantité de la colle suivant la nature et l'épaisseur du papier sur lequel on opère.

Une fois chaque feuille trempée dans le bain, on la suspend sur des cordes pour la laisser sécher ; puis le tout bien sec, on met en presse pour rétendre chaque feuille bien à plat.

C'est au sortir de la presse que le livre doit être confié au relieur de profession qui, d'après vos ordres, exécute la reliure, dont nos conseils vous mettent en état de surveiller jusqu'aux moindres détails.

QUATRIÈME PARTIE

RECETTES DIVERSES

RECETTES DIVERSES EMPLOYÉES
POUR LA RESTAURATION ET LA RÉPARATION
DES GRAVURES, RELIURES, LIVRES, ETC.

Colle forte.

La colle forte se prépare au bain-marie; il faut une demi-
livre de bonne colle-forte de Flandre concassée pour un
litre d'eau. Elle exige environ cinq heures pour se dissoudre
entièrement.

Dès qu'elle est dissoute, on y ajoute, un peu avant de la
retirer du feu, deux ou trois gousses d'ail.

Si l'on désire rendre la colle-forte moins sèche, plus onc-
tueuse et plus souple, on y ajoute 260 grammes de mélasse
par 500 grammes de colle fondue.

Colle d'amidon.

La colle d'amidon s'obtient en délayant 25 grammes d'a-
midon blanc dans de l'eau, jusqu'à ce que ce mélange forme
bouillie; on ajoute alors environ un litre d'eau bouillante,
en remuant constamment pour empêcher les grumeaux.
On ajoute en même temps la valeur d'un verre à bière de
colle de Flandre déjà fondue et en gelée, puis on remue sur
le feu pour rendre ce mélange bien intime.

On laisse refroidir et l'on emploie cette colle à froid.

Son usage est très fréquent dans la reliure et le carton-
nage.

Conservation de la colle de pâte.

Pour retarder la fermentation de la colle de pâte, on a recours d'habitude à l'alun de potasse ou à l'alun d'ammoniaque, qu'on mélange en poudre à la colle, dans la proportion de 2 à 3 pour 100. Le borate de soude (borax du commerce), à la dose de 1 pour 100, lui est préférable. Non seulement la colle de farine ou la colle d'amidon boratée se conserve mieux, mais encore elle est plus adhésive, elle colle mieux.

Colle de riz.

On délaie à l'eau froide de la farine de riz et on la fait cuire sur un feu doux jusqu'à ce qu'elle soit prise. Cette colle, d'un beau blanc, devient presque transparente en séchant; sa force est telle que les papiers collés avec elle se déchirent plutôt que de se détacher.

Colle de poisson.

La colle de poisson se trouve généralement toute préparée dans le commerce; on la fait dissoudre au bain-marie en ayant la précaution de remuer souvent pour empêcher la gélatine de s'attacher au fond du vase; elle sert dans la reliure pour coller sur le veau de couleur ou le maroquin.

On s'en sert également pour recoller la faïence et la porcelaine.

Vernis des relieurs pour lustrer.

Faire dissoudre dans un litre et demi d'esprit-de-vin à 36 ou 40 degrés :

Sandaraque	120 gr.
Mastic en larmes	30 —
Gomme laque	120 —
Térébenthine de Venise	60 —

Toutes les gommes concassées et pulvérisées sont fondues dans l'alcool que l'on fait légèrement chauffer au bain-marie dans la bouteille.

Ce vernis se vend tout préparé dans le commerce ; il s'emploie au pinceau et redonne du lustre et du brillant aux couvertures devenues ternes.

Vernis pour eau-forte, vernis de Rembrandt.

Cire vierge	60 gr.
Asphalte	30 —
Mastic	30 —

Bien broyer le tout ensemble.

Autre vernis au pinceau.

Essence	125 gr.
Cire	8 —
Asphalte	15 —

De la glaire pour dorer.

La glaire pour dorer se fait en prenant 3 blancs d'œuf, auxquels on ajoute la valeur d'un verre à eau-de-vie d'eau et sept à huit gouttes d'esprit-de-vin. On bat le tout en neige et l'on décante. Cette liqueur albumineuse, hermétiquement bouchée, se conserve fort longtemps.

Autre formule pour dorer les tranches de livres.

Prendre 3 blancs d'œuf, dans lesquels on ajoute un peu de bol d'Arménie et du sucre candi en poudre, étendre cette couche, la bien polir, puis étendre l'or.

Papier imperméable à l'eau.

On fait dissoudre 500 grammes de colle ordinaire dans 5 litres d'eau et on ajoute 250 grammes d'acide acétique; ensuite on ajoute 350 grammes de bichromate de potasse dissous dans une petite quantité d'eau. On verse le liquide dans un bassin plat, on y passe le papier feuille à feuille. Les feuilles humides sont alors retirées, étendues et séchées à l'air; le papier ainsi traité est imperméable à l'eau.

Encollage du papier.

On se sert pour encoller le papier du mélange suivant :

Eau..........................	1 litre.
Colle de poisson.....	15 à 20 grammes.
Alun...........................	8 —

le tout ayant bouilli au moins pendant une heure.

Trop de colle rend le papier cassant; l'alun aide à la fixité et à l'adhérence de la colle.

Pour rendre le papier incombustible.

Pour rendre le papier incombustible, il suffit de le tremper dans une solution d'alun; une fois sec, il ne brûlera plus.

Pâte de papier.

Prendre un vieux livre, le mettre en presse et le limer sur la tranche avec une râpe à bois. Faire bouillir cette poudre ou limaille pendant plusieurs heures avec de la colle de peau et y ajouter un peu d'alun.

Cette pâte ou mastic de papier sert à reboucher les piqûres de vers, dans les estampes ou les feuillets d'un livre. partout où l'emploi d'une pièce devient impossible. Voir son application (p. 141). Cette colle peut se teinter suivant la nuance des papiers à reboucher, mais il vaut mieux le faire séparément, lorsque la réparation est terminée.

Ravivage des vieux cadres dorés.

On donne un nouveau lustre aux anciens cadres dorés en passant sur les dorures une éponge entièrement imbibée d'eau fraîche. Il ne faut jamais revenir deux fois à la même place, car on enlèverait de suite la dorure au lieu de la raviver. On commence donc le lavage par un coin, pour terminer en arrivant à ce même coin, en faisant le tour du cadre, le tenant penché obliquement pour faciliter l'écoulement de l'eau. On fait sécher en plein air et en plein soleil : l'ombre ne vaut rien pour cette opération.

Une fois bien sec, on passe d'un seul coup, en appuyant un peu, un linge de soie (un vieux foulard par exemple) sur les brunis ; ils reprennent de suite leur premier brillant.

Fixatif pour le crayon et le fusain.

Gomme laque blanche.................... 75 gr.
Alcool................................. 1 litre.
   Décanter pour s'en servir.

On s'en sert au pinceau, au revers des dessins, quand le papier est perméable ; ou directement sur le dessin, si l'on emploie un vaporisateur.

Procédé pour enlever les taches de rouille, d'encre, sur le papier.

Faire dissoudre (parties égales en volume) du sel d'étain du commerce dans l'alcool de vin (du titre le plus élevé possible) et laver la tache avec cette dissolution qui se conserve fort longtemps en flacon bien bouché.

Transport d'une gravure sur toile ou sur bois.

Pour transporter une gravure soit sur toile, soit sur bois, il suffit de mouiller le corps sur lequel on désire décalquer son estampe avec la solution suivante :

Eau.. 100 gr.
Alun .... 20 gr.

Une fois la dissolution opérée, ajoutez :

Savon de Marseille.... .... 20 gr.

L'objet bien imprégné de cette solution et encore humide, vous appliquez dessus la gravure à décalquer (le côté imbibé sur la gravure), puis on met en presse ou l'on charge avec un poids.

Au bout de quelques instants, la gravure ne tarde pas à se décalquer sur la surface préparée et l'estampe conserve son apparence première.

Chlorure de chaux pour lavage des gravures.

Dans 500 grammes d'eau mettez du chlorure de chaux à saturation.

Pour faire ce bain prenez 50 grammes de cette solution

que vous mettez dans un litre d'eau de pluie. Nettoyez la
gravure dans ce dernier bain.

Acide nitrique pour enlever les taches d'huile sur le papier.

Acide nitrique......................... 10 gr.
Eau............................ .... 100 gr.

Conservation des dessins.

Pour conserver les dessins, ou les manuscrits, on peut
employer le moyen suivant : Placer le papier en question
sur une surface bien plane, une table de marbre, par exemple, et le recouvrir d'une couche mince de collodion contenant 2 p. 100 de stéarine. En moins de 20 minutes les dessins
sont secs; ils sont alors protégés par une enveloppe transparente, brillante et imperméable.

TABLE DES MATIÈRES

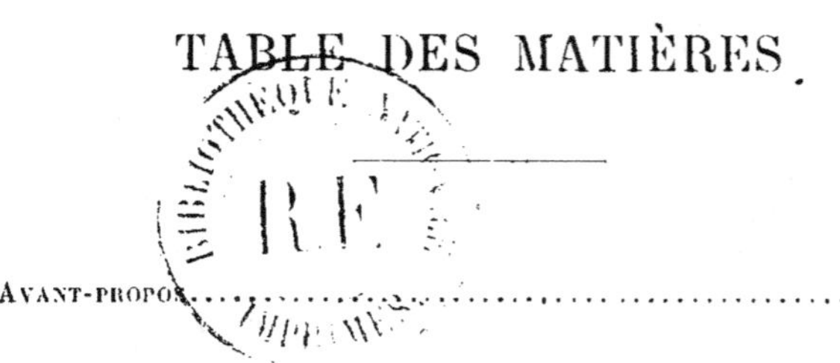

PREMIÈRE PARTIE

Des tableaux peints à l'huile et de leur restauration.

DEUXIÈME PARTIE

Des gravures, dessins, aquarelles, gouaches, pastels, miniatures, et de leur restauration.

TROISIÈME PARTIE

Des reliures, des livres et de leur restauration.

QUATRIÈME PARTIE

Recettes diverses.

3456-89. — Corbeil. Imprimerie CRÉTÉ.